L'AMOUR LA SOLITUDE

COPYRIGHT EDITIONS PAROLES D'AUBE
2 RUE DU CHATEAU
69200 VENISSIEUX
ISBN 2-909096-07-6

ANDRÉ COMTE-SPONVILLE

L'AMOUR LA SOLITUDE

Entretiens avec :

Patrick VIGHETTI
Judith BROUSTE
Charles JULIET

DE L'AUTRE CÔTÉ DU DÉSESPOIR

Entretien avec Patrick Vighetti

André Comte-Sponville, faisons table rase de tout, et commençons par définir : qu'est-ce que la philosophie ? Qu'est-ce qu'un philosophe ? Quel rôle doit-il jouer dans la Cité aujourd'hui ?

Voilà un début bien philosophique ! Au fond, est-ce que philosopher ce ne serait pas d'abord cela : sinon faire table rase (rien ne prouve que ce soit possible), du moins essayer de se débarrasser de tout ce qui nous encombre, des habitudes, des idées toutes faites, etc., autrement dit essayer de penser *à neuf* ? Oui, il se pourrait que la philosophie ce soit d'abord ce mouvement d'interrogation radicale, comme un commencement de la raison, ou un recommencement : que la philosophie ce soit la pensée neuve, la pensée libre, la pensée libérée et libératrice... On dit beaucoup, citant Hegel, que la chouette de Minerve s'envole au crépuscule, et ce n'est pas faux. Mais elle s'envole, et cela fait, à chaque fois, comme un matin de l'esprit. "Paroles d'aube", dites-vous... Je reprendrais volontiers l'expression : la philosophie est cette aube toujours recommencée de la pensée, qui ne cesse de se lever — lueur pâle de la raison ! — du fond de nos crépuscules.

J'aurais d'ailleurs beau jeu de vous faire remarquer que la question "Qu'est-ce que la philosophie ?" est *déjà* philosophique, de même que la question "Faut-il philosopher ?", ce pourquoi, comme disait Aristote (vous voyez qu'on ne fait jamais complètement table rase, ou que d'autres l'ont toujours déjà fait avant nous), on n'échappe pas à la philosophie — ou, dirais-je, on n'y échappe qu'en renonçant à penser. Celui qui ne veut pas faire de philosophie, dès lors qu'il essaye de comprendre pourquoi il s'y refuse, il en fait déjà... Non, du tout, qu'il s'agisse de ne philosopher que sur la philosophie. La question "Qu'est-ce que la philosophie ?" est philosophique ; mais la question "qu'est-ce que les mathématiques ?" ne l'est pas moins. Quand un mathématicien se demande ce qu'il fait, sur quel type d'objet il travaille, à quelle vérité il a accès, etc., tout mathématicien qu'il soit, il se pose alors une question qui excède les mathématiques : il fait de la philosophie ! Preuve en est que, sur cette question, ou sur la réponse qu'il convient d'y apporter, tous les mathématiciens ne seront pas d'accord : à compétence égale, ils s'accorderont sur la validité de telle ou telle démonstration, mais pas sur la nature de ce qu'ils font. Autrement dit, alors même qu'ils font, par hypothèse, les mêmes mathématiques, ils n'auront pas — ou pas nécessairement — la même *philosophie* des mathématiques : ils font la même chose, mais ils n'ont pas la même conception de cette "chose" !

On dit souvent, pour le leur reprocher, qu'il y a autant de philosophies que de philosophes, ce qui n'est qu'à peine exagéré. Il se pourrait qu'il y ait aussi, et pour les mêmes raisons, à peu près autant de philosophies des mathématiques que de mathématiciens ou, disons, que de mathématiciens qui réfléchissent à ce qu'ils font... La philosophie est la pensée à la fois la plus libre (elle n'est prisonnière d'aucun savoir) et, pour cela, la plus singulière. Qu'il y ait autant de philosophies que de philosophes est donc à peu près vrai (à peu près seulement, car il arrive toutefois que des philosophes s'accordent : il y a des écoles, des maîtres et des disciples, des doctrines dans lesquelles tel ou tel pourra se retrouver), mais, quand bien même cela le serait tout à fait, on aurait bien tort de le reprocher à la philosophie. Que les philosophes ne soient pas d'accord entre eux, loin que ce soit une raison pour ne pas philosopher, c'en est une, et bien forte, pour philosopher soi-même. N'importe qui peut faire des mathématiques à votre place (puisque, par hypothèse, il trouvera, s'il trouve, le même résultat auquel vous pourriez parvenir), et c'est pourquoi, sauf goût particulier ou nécessité de gagner votre vie, vous n'avez aucune raison de faire des mathématiques vous-même. Au contraire, personne ne peut philosopher à votre place : ce que je pourrais avoir trouvé, et quand bien même cela me satisferait totalement, ou ce que Kant ou Hegel ont pu trouver, et quel que soit leur génie, rien ne prouve que cela vaille *pour vous* ! Il faut donc vous y mettre personnellement, et c'est ce qu'on appelle philosopher...

Prenons par exemple votre question : "Qu'est-ce que la philosophie ?" Parce que c'est une question philosophique, elle est susceptible de plusieurs réponses différentes, et, à la limite, d'autant de réponses différentes qu'il y a de philosophies différentes... Je ne dis pas cela pour me défiler, pour éviter de répondre, mais au contraire pour annoncer que la réponse que je vais vous donner n'engage que moi, et que d'autres philosophes répondraient différemment. Je disais : il arrive que des philosophes s'accordent... Eh bien, sur cette question, je me sens très proche de ce que disait Epicure, il y a quelque vingt-trois siècles : "La philosophie est une activité qui, par des discours et des raisonnements, nous procure la vie heureuse." J'aime beaucoup que la philosophie soit une activité (et pas un système ou un savoir), qu'elle se fasse par des discours et des raisonnements (et pas par des visions ou des slogans), enfin qu'elle tende au bonheur... Je dis : qu'elle tende. Parce que pour ce qui est de le procurer, il me semble que nous ne sommes plus capables, nous, les modernes, de la belle confiance des Anciens... Pour mon usage personnel, et toujours pensant à Epicure, je me suis forgé la définition suivante, que je vous propose comme réponse (mais c'est *ma* réponse : rien ne prouve qu'elle vous satisfasse) à votre question : *la philosophie est une pratique discursive, qui a la vie pour objet, la raison pour moyen, et le bonheur pour but.* Il me semble que cela vaut pour toute philosophie digne de ce nom — mais sur cette *dignité*, justement, tous les philosophes ne s'accordent pas...

Puis-je ajouter un mot ? Parce que je parle du bonheur, on en conclut un peu vite que ce serait là, pour moi, le tout de la philosophie. Il n'en est rien.

On peut être heureux sans philosopher, sans doute, et l'on peut certes philosopher sans être heureux ! Le bonheur est le but, non le chemin. Surtout : le bonheur n'est pas la norme. Qu'une idée vous rende heureux, qu'est-ce que cela prouve ? C'est le cas aussi, au moins un certain temps, de la plupart de nos illusions... Le bonheur n'est pas la norme : la norme de la philosophie, comme de toute pensée, c'est, ce ne peut être que la vérité. Ce n'est pas parce qu'une idée me rend heureux que je dois la penser : la philosophie ne serait autrement qu'une variante sophistiquée de la méthode Coué. Si je dois penser une idée, et quand bien même elle me rendrait triste à mourir, c'est uniquement parce qu'elle me paraît vraie ! Je l'ai dit bien souvent : si un philosophe a le choix entre une vérité et un bonheur, et cela peut arriver, il n'est philosophe qu'autant qu'il choisit la vérité. Renoncer à la vérité, ou à la quête de la vérité, ce serait renoncer à la raison et, par là, à la philosophie. La norme, ici, l'emporte sur le but, et doit l'emporter : la vérité, pour le philosophe, prime sur le bonheur. Mieux vaut une vraie tristesse qu'une fausse joie.

Pourquoi alors ne pas définir la philosophie par la recherche de la vérité ? D'abord parce que cette recherche n'est évidemment pas le propre de la philosophie : on cherche aussi la vérité en histoire, en physique, dans le journalisme ou au tribunal... Aussi parce que, la vérité supposée donnée (et bien sûr elle ne l'est jamais que partiellement et approximativement), reste à savoir qu'en faire : toute la philosophie se joue là. La vérité est la norme, mais enfin il s'agit de vivre et, si possible, de vivre heureux, ou pas trop malheureux. La philosophie n'échappe pas au principe de plaisir ; mais le plaisir ne prouve rien, ou ne prouve que lui-même. De là cette tension toujours, qui me paraît caractéristique de la philosophie, entre le désir et la raison ou, autrement dit, entre le but (le bonheur) et la norme (la vérité). Que les deux puissent se rejoindre, c'est ce qu'enseigne le vieux mot de sagesse. Qu'est-ce que la sagesse, sinon une vérité heureuse ? Et non pas vraie parce que heureuse (auquel cas il n'y aurait plus de vérité du tout : l'illusion suffirait), mais heureuse, bien plutôt, parce que vraie. Nous en sommes loin : la plupart des vérités nous sont indifférentes ou nous font mal. C'est à quoi nous voyons que nous ne sommes pas sages. Mais si la philosophie est amour de la sagesse, comme l'annonce l'étymologie (il est vrai qu'une étymologie ne prouve rien), c'est qu'elle est amour à la fois du bonheur et de la vérité, et qu'elle essaye, autant que faire se peut, de les concilier, que dis-je, de les fondre l'un dans l'autre... Vous connaissez la chanson : "J'ai deux amours..." C'est ce que chante aussi la philosophie. Dans la sagesse, ces deux amours n'en font qu'un, et c'est un amour heureux, et c'est un amour vrai.

Et le philosophe ?

C'est quelqu'un qui pratique la philosophie, autrement dit qui se sert de sa raison pour réfléchir sur la vie, pour se libérer de ses illusions (puisque la vérité est la norme) et, s'il le peut, pour être heureux ! Vous allez me dire qu'en ce sens tout le monde est peu ou prou philosophe... Pourquoi non ? Il m'arrive d'utiliser cette définition encore plus simple : philosopher, c'est penser sa vie et vivre sa pensée. Nul n'y parvient jamais tout à fait (nul n'est *complètement* philosophe), mais nul, non plus, ne saurait tout à fait s'en dispenser. Au fond, ceux qu'on appelle les grands philosophes, ce ne sont pas des gens qui pratiqueraient je ne sais quelle activité inouïe dont les autres seraient incapables ; ce sont ceux qui ont fait mieux que d'autres ce que tous ont fait, et doivent faire. Si vous réfléchissez sur le sens de la vie, sur le bonheur, sur la mort, sur l'amour, si vous vous demandez si vous êtes libre ou déterminé, s'il existe un Dieu, si l'on peut être certain de ce que l'on sait, etc., vous faites de la philosophie, au même titre (ce qui ne veut pas dire aussi bien !) qu'Aristote, Kant ou Simone Weil. C'est une tarte à la crème, dans les classes, que d'opposer la philosophie à l'opinion, et je l'ai fait moi-même plusieurs années. Puis je me suis rendu compte qu'il y avait là de la mauvaise foi : que la philosophie est certes une opinion plus travaillée, plus rigoureuse, plus raisonnable — mais n'en est pas moins *opinion* pour autant. Au fond, c'est ce que Montaigne m'a appris, et par quoi il m'a libéré (je ne l'ai lu qu'assez tard) de tous les dogmatismes. "La philosophie, disait-il, n'est qu'une poésie sophistiquée", et cela n'était injurieux ni pour les poètes ni pour les philosophes. Je dirais de même : la philosophie n'est qu'une opinion sophistiquée, mais au sens non péjoratif de la sophistication, au sens où est sophistiqué, nous disent les dictionnaires, ce qui est "recherché, complexe, évolué". Mieux vaut une chaîne stéréo sophistiquée qu'un vulgaire tourne-disque ; mieux vaut une philosophie qu'une opinion vulgaire ! Il reste qu'à la fin, il y a la simplicité de la musique ou de la vie — la simplicité de la sagesse. Vous connaissez de ces gens qui préfèrent leur chaîne Hi-Fi à la musique... J'en connais aussi quelques-uns qui préfèrent la philosophie à la vie, et cela me paraît un contresens du même ordre. La technique la plus sophistiquée n'a de sens qu'au service d'autre chose, par exemple au service de la musique. La philosophie, de même, n'a de sens qu'au service de la vie : il s'agit de vivre mieux, d'une vie à la fois plus lucide, plus libre, plus heureuse... Penser mieux, pour vivre mieux. C'est ce qu'Epicure appelait philosopher pour de bon, autrement dit pour son salut, comme disait Spinoza, et c'est la seule philosophie qui vaille. On ne philosophe pas pour passer le temps, ni pour faire joujou avec les concepts : on philosophe pour sauver sa peau et son âme.

Quant à la place du philosophe dans la Cité, j'en ai assez dit : si n'importe qui peut et doit être philosophe, peu ou prou, bien ou mal, la place du philosophe est celle, exactement, de n'importe qui. C'est où se nouent l'universel et la solitude.

Comment passe-t-on de cette "opinion sophistiquée" que serait la philosophie, à la "simplicité de la sagesse" ?

Si je le savais, il y a belle lurette que j'aurais cessé de philosopher : la sagesse me suffirait ! Mais ce que je crois avoir compris, justement, c'est qu'il ne s'agit pas d'un *savoir* : la sagesse, pour autant que nous puissions l'atteindre, résulte d'un travail (un peu au sens où Freud parle du travail du deuil), lequel inclut certes un effort de pensée, mais ne saurait s'y réduire. La vie n'est pas une idée. Je dirais plus : toutes les idées, en un sens, nous séparent de la vie. La philosophie ne peut donc mener à la sagesse qu'à la condition de tendre perpétuellement vers sa propre abolition : le chemin est de pensées, mais là où il mène, il n'y a plus de chemin. Plus de pensée ? En tout cas plus de pensée théorique : le réel suffit, la vie suffit, et c'est ce que j'appelle le silence. Quand Françoise Dolto écrit que "toute théorie est symptôme", elle n'a sans doute pas tout à fait tort. La sagesse serait au contraire la santé de l'âme, comme disait Epicure, et c'est de quoi aucune théorie ne saurait tenir lieu. Sans symptômes, direz-vous peut-être, pas de symptomatologie, donc pas de médecine... Dont acte. Mais la médecine n'est pas la santé. La médecine est complexe, sophistiquée, ardue... Quoi de plus simple, quoi de plus facile que la santé ?

On dira que la santé est première, ce que la

sagesse ne saurait être. La sagesse, sans doute pas. Mais la vie, si, pour tout vivant. Or la sagesse n'est pas autre chose que cette simplicité de vivre. S'il faut philosopher, c'est pour retrouver — *clarum per obscurius* ! — cette simplicité-là. Il s'agit, disais-je, de nous débarrasser de tout ce qui nous encombre et qui ne cesse de nous séparer du réel et de la vie. C'est à quoi sert la philosophie, dont à la fin il faut donc se débarrasser aussi... La doctrine est un radeau, disait le Bouddha : une fois le fleuve traversé, à quoi bon porter le radeau sur ton dos ? Laisse-le plutôt sur la rive, où il pourra servir à d'autres ; toi, tu n'en as plus besoin. Voilà ! Le sage est celui qui n'a plus besoin de philosopher : ses livres, s'il en a écrit, ce qui est rare, sont comme des radeaux abandonnés sur le rivage...

C'est ce que beaucoup n'acceptent pas, qui passent leur vie à bricoler leur petit radeau, dans l'espoir de l'améliorer, et il arrive assez souvent qu'ils y parviennent. Mais à quoi bon, s'ils ne traversent pas le fleuve, ou si — une fois le fleuve supposé franchi — ils transportent toute leur vie ce fardeau sur leurs épaules ? Combien sont morts épuisés sous le poids de leur système ? Mieux vaut la légèreté de la vie : la légèreté de la sagesse !

Je vois autour de moi des philosophes qui se plaisent à complexifier toujours davantage leur pensée, et tendent ainsi vers une sophistication de plus en plus grande. D'une telle démarche, je vois bien la richesse et, parfois, la nécessité.

Il m'arrive d'y sacrifier : comment faire autrement ? Tous les problèmes ne sont pas susceptibles d'une solution simple. Encore faut-il n'être pas dupe de cette complexité spéculative : dans la mesure où la philosophie n'est pas une science, ni ne peut l'être, la technicité n'y saurait valoir comme preuve, ni la sophistication constituer toujours un progrès. Les systèmes s'ajoutent aux systèmes, voilà tout, et cela ne fait qu'une complexité de plus...

Pour ma part, et sans renoncer tout à fait à la technicité ou à la complexité, j'aurais plutôt la tendance inverse : je cherche des idées simples, de plus en plus simples, tellement simples qu'à la fin elles n'auraient même plus besoin d'être énoncées. Bien sûr, ce n'est jamais tout à fait possible : la pensée a ses difficultés et ses exigences. Mais la pensée n'est qu'un moyen, et le complexe même qu'elle dévoile ne saurait masquer la simplicité pourtant de ce qui s'y joue. Quoi ? Le réel. Tout organisme vivant, par exemple, est d'une richesse inépuisable, d'une complexité infinie — mais la vie n'en est pas moins *simple* pour autant. Quoi de plus compliqué qu'un arbre, quand on essaye de comprendre son fonctionnement interne ? Et quoi de plus simple, quand on le regarde ?

Mais la vue est une fonction très complexe...

Bien sûr ! Mais la complexité de la fonction est au service de la simplicité de l'acte. Quoi de plus complexe qu'un œil ? Quoi de plus simple que de voir ? Cela, c'est la vie même : la complexité au service de la simplicité. C'est aussi une leçon pour le philosophe...

Quand il s'agit de comprendre ou d'expliquer, on ne peut pas faire l'économie de la complexité. Mais la compréhension n'est pas tout, ni le but ultime. Il se pourrait qu'il n'y ait rien à comprendre, au fond, si ce n'est cela même : qu'il n'y a rien à comprendre ! "La solution de l'énigme, disait Wittgenstein, c'est qu'il n'y a pas d'énigme." On peut bien expliquer l'arbre par ses causes, par sa structure, par les mécanismes qu'il met en jeu, les échanges qu'il entretient avec son environnement, etc... Mais le comprendre, non : il n'y a rien à comprendre, et c'est pourquoi aucune théorie ne saurait remplacer le regard, la simplicité du regard.

Vous connaissez la belle formule d'Angelus Silésius, ce mystique allemand (qui était aussi médecin...) du XVIIe siècle :

"La rose est sans pourquoi, fleurit parce
                          qu'elle fleurit,
N'a souci d'elle-même, ne désire être vue..."

Et sans doute c'est très compliqué, une rose. Mais comme c'est simple pourtant ! La botanique est une science complexe, comme toutes les sciences, et cette complexité a aussi sa richesse. Mais enfin la rose est là : il serait dommage que la botanique nous empêche de la voir et de l'aimer comme elle est — simplement.

Ainsi le réel serait simple, ou du moins le sage

ne devrait en retenir que la simplicité, laissant de côté la diversité du phénomène ? Mais pourquoi perdre cette richesse phénoménale, et au profit de quelle vertu de la simplicité ?

Le simple, au sens où je le prends, n'est pas le contraire du divers ! La diversité des phénomènes, la richesse du réel, l'infinie variété des détails, toute cette luxuriance du monde sensible (c'est-à-dire du monde !), il ne s'agit évidemment pas de s'en priver. Mais ce monde infiniment riche et varié n'en est pas moins simple pour autant : il n'a rien à cacher ni à montrer, ou plutôt rien d'autre à montrer que lui-même, rien d'autre à dire que lui-même, et cela fait un grand silence qui est le monde, et la simplicité du monde. Le réel est ce qu'il est, simplement, sans aucune faute (Spinoza : "par réalité et par perfection, j'entends la même chose"), sans aucun problème, sans aucun mystère… J'aime bien la formule de Woody Allen : "La réponse est oui ; mais quelle peut bien être la question ?" Il n'y a pas de question, et c'est pourquoi la réponse est oui : c'est le monde même. Les mystères sont en nous, en nous les problèmes et les questions. Le monde est simple parce qu'il est l'unique réponse aux questions qu'il ne se pose pas : simple comme la rose ou le silence.

Mais dans une rose, le botaniste aperçoit toutes les fleurs nouvelles qu'il en tirera par génie génétique ; le poète d'Annunzio y trouve la révélation d'une flamme :

"Elles brûlent. On dirait qu'elles on dans leur corolle un charbon allumé. Elles brûlent véritablement" ;

et le philosophe y verra l'objet, l'autre du sujet, la diversité faisant face à son unité de sujet : qu'est-ce que la couleur ? le parfum ? déterminisme ou liberté de pousser ? etc.

Si c'était vrai, et s'il n'y avait que cela, quelle tristesse alors que la botanique ! Quelle tristesse que la poésie ! Quelle tristesse — et quel ennui ! — que la philosophie ! Pourquoi n'aimer dans les fleurs que celles qui n'existent pas encore ? Pourquoi y chercher ce qu'elles ne sont pas (ah ! ces métaphores des poètes ! quel bavardage insipide le plus souvent !), pourquoi toujours les comparer à autre chose ? Pourquoi vouloir enfermer (bavardage des philosophes !) le réel, la richesse du réel, dans nos pauvres abstractions ? "L'objet", "le sujet", dites-vous : du vent ! Il n'y a pas d' "objet", pas de "sujet", il n'y a pas de "couleur", de "parfum", et il n'y a même pas de "rose" ! Tout cela ce ne sont que des mots, nos pauvres petits ou grands mots. Je sais bien que nous ne pouvons nous en passer, mais le réel n'en a que faire. Nominalisme radical : l'abstraction n'existe que dans et par le langage. C'est pourquoi le réel est simple, d'une simplicité qui n'est pas celle d'une idée (une idée simple, c'est une idée facile à comprendre, ce que le réel n'est jamais), mais celle de la singularité nue (l'*idiotie* chez Clément Rosset, l'*événement* chez Marcel Conche) et de l'identité à soi. C'est quand nous essayons de ramener cette richesse et cette singularité du divers à nos concepts que tout, en effet, devient compliqué : parce que le réel excède de toutes parts le peu que nous pouvons en penser ! Raison de plus pour ne pas se contenter de penser, et pour apprendre à voir, c'est-à-dire à s'abandonner silencieusement à l'inépuisable simplicité du devenir.

Qu'est-ce qu'une rose simplement regardée peut donc m'apporter ?

Rien, tout : elle-même. Cela ne vous suffit pas ?

Vous évoquez cette "acceptation du réel", dans Une éducation philosophique, en relatant votre expérience de certains moments "mystiques" porteurs d'une "simplicité merveilleuse et pleine", et vécus dans l'abolition du temps et du discours...

J'ai dit "mystiques" ? S'agissant de moi, cela m'étonne un peu. Il me semble plutôt avoir parlé, pour ce qui me concerne, de moments de simplicité et de paix, ce qui n'est pas tout à fait la même chose... Je ne suis guère allé au-delà, dans ces domaines, de ce que chacun a vécu ou peut vivre. Il est vrai pourtant (et c'est ce qui a pu justifier le mot) qu'il m'est arrivé, dans ces moments-là, d'ailleurs bien rares, de retrouver — mais sans extases ni visions — quelque chose de ce que décrivent les mystiques. Quoi ?

L'enfance est un miracle et une catastrophe...

Le silence, la plénitude, l'éternité... L'abolition du temps, comme vous dites, mais dans le temps même, dans la vérité du temps : le toujours-présent du réel, le toujours-présent du vrai, et leur intersection qui est le monde, et le présent du monde. Puis l'abolition, en effet, du discours, de la pensée, du "mental" : c'est ce que j'appelle le silence, qui est comme un vide intérieur, si l'on veut, mais à côté de quoi ce sont nos discours qui sonnent creux. Ce mot de *silence* m'a fait peur longtemps, par ses connotations trop religieuses ou "mystiques'", justement. Mais du jour où j'ai lu Krishnamurti, je m'y suis habitué. Comment dire autrement la présence muette de tout ? Enfin la plénitude, qui est la disparition du manque. Que désirer de plus, lorsque tout est là ?

Oui, voilà ce que j'ai vécu, parfois, et à propos de quoi il pouvait être légitime, en effet, d'évoquer les mystiques. Le fait est que, sans prétendre en être un, j'accorde de l'importance à leur témoignage. Quelque chose d'essentiel se dit là, sur l'homme et sur le monde. Sur Dieu ? Cela dépend des mystiques, et j'ai un faible pour les moins religieux d'entre eux. Au reste, quand Dieu même a cessé de manquer, peut-on encore parler de religion ? Si je me suis tellement intéressé aux mystiques orientales, spécialement bouddhistes, c'est que j'y retrouvais cette spiritualité purement immanente (sans autre monde, sans espérance ni foi) dont Spinoza déjà, à sa façon, qui est conceptuelle, m'avait indiqué le chemin. Le livre V de l'*Ethique* dit ici des choses décisives, que nos universitaires, le plus souvent, se hâtent d'oublier... Les quelques expériences que vous évoquez, même très simples et ordinaires comme elles étaient, m'ont aidé à prendre Spinoza au sérieux, jusqu'en ces ultimes et dérangeantes propositions de l'*Ethique*. *"Nous sentons et expérimentons que nous sommes éternels..."* Disons qu'il m'est arrivé de l'*expérimenter*, en effet, quelque peu. Mais quelle éternité ? Non pas, bien sûr, celle d'une autre vie ou d'un autre monde. L'éternité, c'est maintenant : ce n'est pas un avenir qui nous est promis, c'est le présent même qui nous est offert. On pourrait à nouveau citer Wittgenstein : "Si l'on entend par éternité, non pas une durée temporelle infinie, mais l'intemporalité, alors celui-là vit éternellement qui vit dans le présent." Or comment vivrait-on autrement, ou ailleurs ? L'éternité est notre lieu à tous, et le seul. Mais nos discours nous en séparent, comme nos désirs... Au fond, nous ne sommes séparés de l'éternité que par nous-mêmes. De là cette simplicité, quand l'*ego* se dissout : il n'y a plus que tout, et peu importe alors le nom ("Dieu", "Nature", "Etre"...) que certains voudront lui donner. Quand il n'y a plus que tout, à quoi bon les mots, puisque le tout est sans nom ? L'esprit du Tao souffle ici, et cette grande folie de l'Orient m'importe plus que nos petites sagesses... Le silence et l'éternité vont ensemble : rien à dire, rien à attendre, puisque tout est là.

Sagesse de l'instant ? Sagesse du solitaire ?

L'un et l'autre, et aucun des deux. Sagesse du présent, certes, et je veux bien que tout présent soit instantané. Mais enfin nous durons, d'instant en instant, et c'est ce que signifie exister. "Le dur désir de durer", disait Eluard : peu de phrases rendent aussi bien, me semble-t-il, le vrai goût de la vie... Il ne s'agit pas de vivre, comme l'animal selon Nietzsche, attaché "au piquet de l'instant". Ni de s'abêtir dans le *no future* des punks ou des idiots. On ne peut pas vivre dans l'instant, puisque la vie est durée. Bergson, ici, a dit l'essentiel, et il est sans doute impossible, quand on vit, de n'être pas du tout bergsonien. Le tout qui nous est donné *dure*, et nous avec, et nous dedans : ce n'est pas l'instant qu'il faut cueillir, mais l'éternel présent de ce qui dure et passe. C'est où mystiques, poètes et philosophes se rencontrent. "*Carpe diem* ", disait Horace ; mais ce jour cueilli, ou recueilli, s'il est vécu en vérité, c'est l'éternité même. Au fond, c'est ce que Christian Bobin appelle *le huitième jour de la semaine*, qui n'est pas un jour de plus, bien sûr, mais l'éternité de chaque. Ici, maintenant : la fugitive et pérenne éternité du devenir ! Sagesse de l'instant ? Si vous voulez, mais de cet instant éternel qu'est la durée. *Carpe aeternitatem...*

Quant à la solitude, c'est évidemment notre lot à tous : le sage n'est plus proche de la sienne que parce qu'il est plus proche de la vérité. Mais la solitude n'est pas l'isolement : certains la vivent en ermite, certes, dans une grotte ou un désert, mais d'autres, aussi bien, dans un monastère, et d'autres encore — les plus nombreux — dans la famille ou la foule... Etre seul, c'est être soi, rien d'autre. Comment serait-on autre chose ? Personne ne peut vivre à notre place, ni mourir à notre place, ni souffrir ou aimer à notre place, et c'est ce qu'on appelle la solitude : ce n'est qu'un autre nom pour l'effort d'exister. Personne ne viendra porter votre fardeau, personne. Si l'on peut parfois s'entraider (et bien sûr qu'on le peut !), cela suppose l'effort solitaire de chacun, et ne saurait — sauf illusions — en tenir lieu. La solitude n'est donc pas refus de l'autre, au contraire : accepter l'autre, c'est l'accepter *comme autre* (et non comme un appendice, un instrument ou un objet de soi !), et c'est en quoi l'amour, dans sa vérité, est solitude. Rilke a trouvé les mots qu'il fallait, pour dire cet amour dont nous avons besoin, et dont nous ne sommes que si rarement capables : "deux solitudes se protégeant, se complétant, se limitant, et s'inclinant l'une devant l'autre"... Cette beauté sonne vrai. L'amour n'est pas le contraire de la solitude : c'est la solitude partagée, habitée, illuminée — et assombrie parfois — par la solitude de l'autre. L'amour est solitude, toujours, non que toute solitude soit aimante, tant s'en faut, mais parce que tout amour est solitaire. Personne ne peut aimer à notre place, ni en nous, ni comme nous. Ce désert, autour de soi ou de l'objet aimé, c'est l'amour même.

Solitude du sage, solitude de l'amour... Dans vos livres, vous évoquez aussi la solitude de la pensée (à propos de la "philosophie à la première personne"), la solitude de la morale, la solitude de l'art... Nulle place pour une dimension sociale, dans tout cela ?

Bien sûr que si ! Sagesse, pensée, morale, amour... tout cela n'existe que dans une société. Il n'y a pas de sagesse à l'état de nature, pas de pensée à l'état de nature, pas de morale, pas d'amour, pas d'art à l'état de nature ! Donc tout est social, et par là tout est politique, comme nous disions en 68. Nous avions raison : c'était vrai, cela l'est toujours. Mais si tout est politique, la politique n'est pas tout. Si tout est social, la société n'est pas tout. La solitude demeure, pas à côté de la société, mais en elle, et en nous. Chacun sait bien que la société n'est pas le contraire de la solitude, ni la solitude le contraire de la société. Le plus souvent, nous sommes à la fois *tout seuls* et *tous ensemble*. Voyez nos villes, nos HLM, nos lotissements... La société moderne rassemble les hommes plus qu'aucune ne l'a jamais fait, ou du moins elle les rapproche, elle les regroupe, mais la solitude n'en est que plus flagrante : on se sent seul dans l'anonymat des grandes villes davantage que sur la place de son village... Personnellement, j'aime assez ça : la solitude m'angoisse moins que l'étroitesse, et si j'aime la campagne, je me méfie des villages. Davantage de solitude, c'est aussi davantage de liberté, de possibilités, d'imprévu... Dans une grande ville, personne ne vous connaît, et cela dit la vérité de la société et du monde : l'indifférence, la juxtaposition des égoïsmes, le hasard des rencontres, le miracle, parfois, des amours... Mais ce n'est pas l'amour qui fait fonctionner les sociétés : c'est l'argent, bien sûr, l'intérêt, les rapports de force et de pouvoir, l'égoïsme, le narcissisme... Voilà la vérité de la vie sociale. C'est le *gros animal* de Platon, dirigé par le *Léviathan* de Hobbes : la peur au service de l'intérêt, la force au service des égoïsmes ! C'est ainsi, et il est vain de s'en offusquer. Ce serait même malhonnête : de cette société, nous profitons aussi. Ce qu'il a fallu d'égoïsmes bien réglés pour que je reçoive mon salaire, tous les mois, et que je puisse le dépenser tranquillement ! La régulation des égoïsmes, tout est là : c'est la grande affaire de la politique. Ne nous racontons pas d'histoires. Si les gens travaillent, s'ils payent leurs impôts, s'ils respectent à peu près la loi, c'est par égoïsme, toujours, et sans doute par égoïsme seulement, le plus souvent. L'égoïsme et la socialité vont ensemble : c'est Narcisse au Club Méditerranée. Inversement, tout courage vrai, tout amour vrai, même au service de la société, suppose ce rapport lucide à soi, qui est le contraire du narcissisme (lequel est un rapport, non à soi, mais à son image, par la médiation du regard de l'autre) et que j'appelle la solitude... L'égoïsme et la socialité vont ensemble ; ensemble la solitude et la générosité. Solitude des héros et des saints :

solitude de Jean Moulin, solitude de l'abbé Pierre... Cela vaut aussi pour l'art ou la philosophie. Montaigne est évidemment un solitaire. Cela ne l'a pas empêché d'assumer ses responsabilités sociales (il fut maire de Bordeaux) et de savoir jouir, mieux qu'aucun autre, des charmes et des plaisirs de la convivialité. Combien fuient la solitude, au contraire, qui sont incapables d'une vraie rencontre ? Celui qui ne sait vivre avec soi, comment saurait-il vivre avec autrui ? Celui qui ne sait habiter sa propre solitude, comment saurait-il traverser celle des autres ?

Narcisse a horreur de la solitude, et cela se comprend : la solitude le laisse face à son néant, où il se noie. Le sage au contraire a fait de ce néant son royaume, où il se perd et se sauve : pas d'ego, pas d'égoïsme ! Que reste-t-il ? Le monde, l'amour : tout. Quant à nous, nous faisons ce que nous pouvons, entre ces deux extrêmes : plus ou moins narcissiques, plus ou moins sages, selon les moments et les circonstances de la vie. Mais chacun sait bien de quel côté nous pousse la société, surtout aujourd'hui (ce n'est pas par hasard qu'on l'appelle société de consommation !), et à quoi nous appelle la solitude...

Solitude vraie, illusion de la vie sociale.... Ou encore : valeurs individuelles, conventions communes... Cependant, quelle place faites-vous à une valeur : le respect d'autrui, qui me semble échapper à cette radicale distinction, puisqu'elle engage autant l'individu — la nécessité d'une reconnaissance sociale — que le citoyen — la garantie sociale (du moins en démocratie) de sa liberté ? Autrement dit, ne suis-je pas libre qu'à condition de respecter la liberté d'autrui ?

Est-on libre jamais ? Je laisse de côté la liberté politique, bien sûr décisive, que la démocratie permet à peu près. Mais il y a des esprits libres dans les régimes totalitaires ; et des esprits soumis ou aliénés dans les démocraties... C'est dire que la liberté intérieure n'est jamais reçue, purement et simplement, de la société. Elle n'est pas davantage innée, ni totale. Le libre arbitre m'a toujours paru une fiction impensable : une volonté indéterminée, qui pourrait vouloir n'importe quoi, ce ne serait plus une volonté, ou elle ne voudrait rien ! Tout au plus peut-on se libérer quelque peu des déterminations, ou de certaines d'entre elles, qui pèsent sur nous... Travail infini : il faudrait se libérer de soi, et c'est ce qu'on ne peut...

Quant au respect d'autrui, c'est bien sûr une valeur sociale, comme toutes les valeurs. Mais elle n'est appliquée ou vécue — comme toutes les valeurs ! — que par les individus. Je ne vois rien là qui en fasse une valeur différente des autres... Ne vous méprenez pas sur ce que j'entends par solitude : le rapport à autrui en fait évidemment partie, tous les amants le savent, et chacun d'entre nous. Ce que vous vivez avec votre meilleur ami, vous le vivez seul : lui vit autre chose. La solitude et la société ne sont pas deux mondes différents, mais deux rapports différents au monde, d'ailleurs l'un et l'autre nécessaires, et constituant ensemble ces *sujets* que nous sommes, ou que nous croyons être. La solitude, encore une fois, n'est pas à côté de la société, mais en elle. Elle n'en est pas moins solitude pour autant : toute vie est sociale, mais ce ne sont pas les sociétés qui vivent... Quant à l'idée que je ne suis libre qu'à la condition de respecter la liberté d'autrui, cela me paraît une tarte à la crème, qui correspond tellement à ce que chacun souhaiterait que je m'en méfie quelque peu. S'il faut respecter la liberté des autres, ce n'est pas pour être libre, mais pour qu'eux le soient.

Mais son caractère de réciprocité fait bien du respect d'autrui une valeur qui crée l'individu : je ne suis que sous le regard de l'autre, que je regarde aussi comme sujet...

Non, puisque l'individu existe quand bien même je ne le respecte pas ! Le corps suffit : un individu, c'est d'abord cela qui vit, qui souffre, qui va mourir... Ces bébés assassinés, dans les camps nazis, ce n'étaient pas des individus peut-être ? Le respect n'est donné que par surcroît, comme l'amour, comme le bonheur. Mais il y a d'abord ce corps vivant et mortel : le respect lui est dû, il ne le crée pas.

Un homme, ce n'est qu'un corps ?

En tout cas, c'est d'abord un corps ! Matérialisme strict, ici, et de sauvegarde. Qu'est-ce qu'un homme ? Un animal qui pense ? qui parle ? qui rit ? Rien de tout cela, car alors les débiles profonds ne seraient pas des hommes, et nous n'aurions vis-à-vis d'eux aucun devoir spécifique : nous pourrions nous en débarrasser, ou les mettre dans des zoos... Contre cette horreur, l'espèce impose sa loi, qui est de filiation : homme, parce que fils de l'homme ! Cela suffit, non certes pour avoir les devoirs d'un homme (il n'est de morale que par la culture : il n'est de morale que pour l'esprit), mais pour en avoir les droits. On a beaucoup dit, dans les années soixante, qu'il n'y avait pas de nature humaine. Si c'était si simple, pourquoi tant s'inquiéter, aujourd'hui, des manipulations génétiques ? En vérité chacun sait bien qu'il y a une nature de l'homme, et que cette nature c'est son corps : la nature en moi, c'est tout ce que j'ai reçu (et tout ce que je peux transmettre) par l'hérédité ; or on sait de plus en plus à quel point c'est considérable. J'accorde pourtant que cela ne constitue pas à proprement parler une nature humaine : non qu'il n'y ait rien de naturel en l'homme, mais en ceci que cette nature ne fait encore de nous qu'une espèce particulière d'animaux. Ce qui est naturel en l'homme n'est pas humain ; ce qui est humain n'est pas naturel. Ou plus exactement, il faut distinguer l'humanité biologique (la filiation selon la chair : la nature de l'homme) et l'humanité historique (la filiation selon l'esprit : la culture). La première, que transmet l'hérédité, suffit à me donner des droits ; mais seule la seconde, que transmet l'éducation, me donne des devoirs — à commencer par celui de respecter la première ! Ou plus exactement encore, c'est seulement du point de vue de la seconde que la factualité de la première (l'appartenance biologique à l'espèce) devient source de droit. L'humanité est à la fois un fait biologique et un fait culturel : cette croisée des chemins, entre nature et culture, c'est l'homme même. Qu'est-ce qui est premier ? La nature, évidemment. Mais seule la culture impose de la respecter...

Le philosophe, le militant, le citoyen, ne doit-il participer à la vie politique que pour espérer voir triompher ses propres valeurs ? Les réflexions et débats, sur la bioéthique, par exemple, n'illustrent-ils pas la nécessité d'une pensée sociale, comme la réalité d'une vie — d'une survie — de la société ?

Les valeurs ne triomphent jamais : le combat est toujours à reprendre... Quant aux débats sur la bioéthique, ils relèvent surtout de la nécessité de légiférer, et des embarras bien compréhensibles du législateur. Il y a là des problèmes nouveaux, difficiles, dont les enjeux sont considérables : qu'il faille en discuter, qui le nierait ? Si c'est ce que vous appelez "pensée sociale", je n'en contesterai pas l'existence — et d'autant moins que je participe à beaucoup de débats de ce genre ! Mais faute d'avoir jamais vu une société penser (il n'y a que les individus qui pensent), ce n'est pas le mot pourtant que j'utiliserai : j'aime mieux parler de démocratie. Qu'elle n'aille pas sans débats, c'est une évidence. Mais que vaudraient les débats sans la réflexion des citoyens ? J'irais plus loin : s'il y avait une "pensée sociale", comme vous dites, la sociologie ou les sondages d'opinion pourraient tenir lieu de démocratie. Mais alors, c'en serait fini de la République : il n'y aurait plus que la dictature du *gros animal*, comme dit Platon, autrement dit de la foule, de la simple sommation des égoïsmes individuels ou corporatistes... La République, c'est autre chose : il ne s'agit pas d'additionner des opinions, mais de forger une volonté !

La volonté... du peuple ?

Oui. En un sens, ce n'est qu'une abstraction, puisqu'il n'y a que les individus, à nouveau, qui puissent vouloir quoi que ce soit. Mais la démocratie, par le suffrage universel, *réalise* cette abstraction. Rousseau est indépassable ici. Le peuple n'est peuple qu'autant qu'il est souverain : il se donne l'être en affirmant sa volonté. Hors de quoi il n'y a que la multitude, et rien n'est moins démocratique qu'une multitude. Le gros animal préfère les démagogues ; c'est pourquoi les citoyens doivent résister au gros animal. Les démocraties n'échappent au populisme que par cet effort en chacun de penser. La démocratie est donc à la charge des citoyens. Allons au bout du paradoxe : le peuple (comme souverain) nous est confié à tous (comme citoyens), le peuple n'existe que sous la sauvegarde des individus ! Tel est le sens le plus élevé de la politique, et ce qu'exprime, me semble-t-il, l'idée de République. Vous voyez que la solitude n'est pas une tour d'ivoire...

Perte de la foi, renoncement à l'idéal communiste : dés-espoir, dites-vous. Mais cette quête de la sagesse et surtout de la Vérité, avec un V majuscule, n'est-ce pas là encore un idéal, le "Dieu" qui manquerait au matérialiste ?

C'est vous qui mettez cette majuscule, pas moi ! Je n'en mets jamais, d'ailleurs, à aucun mot, sauf quand l'usage l'impose absolument, comme pour "Dieu", justement, ou pour "Etat"...
Mais une remarque d'abord, sur le désespoir.
En effet, il y eut ce que vous évoquez : la perte de la foi religieuse, l'échec patent de l'utopie communiste et de nos tentatives pour la rénover de l'intérieur... Mais cela, c'est mon histoire : beaucoup ont vécu autre chose, parcouru d'autres chemins, qui eurent à affronter, en conséquence, d'autres déceptions... L'important est de ne pas se mentir sur la vie, de ne pas négliger ses leçons. Or, quelle leçon plus claire que celle-ci : que toute espérance est déçue, toujours ? Souvent

c'est parce qu'elle n'est pas satisfaite, et chacun en connaît le goût, qui est de frustration. Mais il arrive aussi, et ce n'est pas le plus facile à vivre, qu'une espérance soit déçue *parce qu'elle a été satisfaite*, et qu'il faut bien constater que sa satisfaction échoue à nous donner le bonheur que nous en attendions... C'est Bernard Shaw, je crois, qui disait qu'il y a deux catastrophes dans l'existence : la première, c'est quand nos désirs ne sont pas satisfaits ; la seconde, c'est quand ils le sont... Nous oscillons ordinairement entre les deux, et c'est ce qu'on appelle l'espérance. "Qu'est-ce que je serais heureux si..." Et puis le *si* se réalise, et l'on n'est pas heureux pour autant. De là la grande formule de Woody Allen : "Qu'est-ce que je serais heureux si j'étais heureux !" Il ne l'est donc jamais, ni ne peut l'être... C'est notre vie à tous. "Ainsi nous ne vivons jamais, disait Pascal, nous espérons de vivre..." Et il ajoutait : "Si bien que nous disposant toujours à être heureux, il est inévitable que nous ne le soyons jamais". Je ne veux pas m'attarder là-dessus : j'y ai consacré bien des pages... Mais dire simplement ceci : que nous n'avons de bonheur, au contraire, que dans ces moments de grâce où nous n'espérons rien, que nous n'avons de bonheur qu'à proportion du désespoir que nous sommes capables de supporter ! Oui : parce que le bonheur reste notre but, bien sûr, et cela veut dire aussi que nous ne l'atteindrons qu'à la condition d'y renoncer. Je le disais dès mon commencement, je veux dire dès l'introduction du *Mythe d'Icare* : le salut sera *inespéré* ou il ne sera pas. Parce que la vie est décevante, toujours, et qu'on n'échappe à la déception qu'en échappant à l'espérance. Parce que nos rêves nous séparent du bonheur dans le mouvement même qui le poursuit. Parce que nos désirs sont hors d'état d'être satisfaits, ou hors d'état, lorsqu'ils le sont, de nous satisfaire. Parce que seul un Dieu pourrait nous sauver, en effet, et qu'il n'y a pas de Dieu, et pas de salut. Parce que l'on meurt. Parce que l'on souffre. Parce qu'on a peur pour ses enfants. Parce qu'on ne sait pas aimer sans trembler... C'est la grande leçon du Bouddha : toute vie est douleur, et si nous pouvons nous en libérer, comme il l'enseigne aussi, ce n'est qu'à la condition d'abord de renoncer à nos espérances.

Vous parlez pourtant d'un "gai désespoir"...

Bien sûr, puisque toute tristesse est de déception ! C'est encore la leçon du Bouddha, comme celle d'Epicure, comme celle de Spinoza, comme celle de tous les sages, et c'est une leçon de joie. Laissons de côté tout ce qui les sépare, qui est considérable et vain. Laissons-les de côté, même, les uns et les autres. Et venons-en à l'essentiel. Ceci : l'espérance du bonheur nous en sépare ("qu'est-ce que je serais heureux si...") et nous voue à la déception, à l'amertume, au ressentiment, pour ce qui concerne le passé, comme à l'angoisse, pour ce qui concerne l'avenir. Inversement, qui renoncerait complètement à être heureux le serait par là-même, et lui seul sans doute. Qu'est-ce autre que la sagesse ? Qu'est-ce autre que la sainteté ? Le désespoir et la béatitude vont ensemble, ou plutôt celle-ci est au bout de celui-là : il s'agit de passer de l'autre côté du désespoir, ce qui suppose d'abord qu'on accepte de l'affronter, de l'habiter, de s'y perdre...

Alors, vous me direz : "C'est un nouvel idéal, une nouvelle espérance..." Oui, sans doute, et tant que ce n'est que cela, c'est un rêve encore qui nous sépare de la vie vraie. Il faut donc renoncer à la sagesse aussi. Il y a bien des années, quand je me piquais encore un peu de littérature, je me souviens avoir écrit une nouvelle très courte, la plus courte que j'aie jamais écrite, et dont je crois qu'elle fut aussi la dernière. Elle tenait en une phrase, et devait s'appeler *Le sage*. La voici : "Tout à la fin de sa vie, le sage comprit que la sagesse non plus n'avait pas d'importance." C'était encore de la littérature. Que la sagesse n'ait pas d'importance, la plupart le comprennent bien avant, qui ne sont sages qu'à cette condition. La sagesse n'est qu'un rêve de philosophe, dont la philosophie doit aussi nous libérer. La sagesse n'existe pas : il n'y a que des sages, et ils sont tous différents, et aucun bien sûr ne croit à la sagesse...

Donc, je reviens à votre question, la sagesse n'est pas une nouvelle religion, ou on ne l'atteint qu'à la condition de cesser d'y croire !

Et la vérité ?

Là, c'est différent ! Il ne s'agit pas d'y croire : il s'agit de la connaître. Ou si croyance il y a, comme le montre Hume, c'est en un tout autre sens. Ce n'est pas une croyance religieuse, puisque la vérité ne commande pas, ne juge pas, puisqu'elle ne promet rien, n'annonce rien, puisqu'elle est sans amour et sans pardon — puisque la vérité n'est pas Dieu ! Pascal, comme souvent, a formidablement perçu l'essentiel : "La vérité sans la charité n'est pas Dieu", disait-il. La question est donc de savoir si la vérité et la charité vont ensemble, comme l'enseigne la religion, autrement dit si la vérité nous aime, ou bien si nous devons l'aimer sans retour, d'un amour gratuit, d'un amour désintéressé, d'un pur, d'un très pur et très solitaire amour : si nous devons l'aimer en pure perte et désespérément !

Quant à renoncer à la vérité même, libre à qui le veut d'essayer : pour ma part, je n'ai jamais pu ! J'ai rencontré trop de vérités, dont plusieurs bien désagréables, qu'il m'était impossible de refuser ou même, comme dit Descartes, de révoquer en doute... Je sais bien que cette impossibilité, en toute rigueur, ne prouve rien, et que les sceptiques par là ont raison. Oui : Montaigne et Hume, au moins sur le statut de la philosophie, voient plus clair que Spinoza. Le *more geometrico* n'est qu'un leurre. La philosophie n'est pas une science, ni ne peut l'être. Et comme la proposition *"Les sciences sont vraies"*, ou *"Telle science est vraie"*, n'est pas une proposition scientifique (ce sont évidemment des propositions philosophiques, du moins pour autant qu'un philosophe les assume !), il n'y a pas de *vérité* scientifique : il n'y a que des *connaissances* scientifiques, toujours relatives, toujours approximatives, toujours provisoires, toujours en quelque chose douteuses ou sujettes à caution... Oui. Mais enfin, je constate aussi que la pensée n'est possible que sous l'exigence de vérité, et que, quand bien même cette vérité n'est jamais donnée absolument, ce que j'accorde volontiers, on ne peut pas non plus (sauf à tomber dans la sophistique) s'en passer ni faire comme si elle n'existait pas du tout. Entre les deux propositions suivantes : "*La terre tourne autour du soleil*", et "*Le soleil tourne autour de la terre*", comment douter que l'une soit *plus vraie* que l'autre ? On évoque souvent la Relativité d'Einstein pour laisser entendre que toute vérité est relative, au sens où la relativité s'opposerait à l'objectivité. C'est évidemment un contresens : la théorie d'Einstein n'est pas plus relative, en ce sens, mais *plus absolue* que celle de Newton ! Est-elle pour autant absolument vraie ? Bien sûr que non. Ce n'est pas la vérité : ce n'est qu'une connaissance. Mais si les connaissances ne comportaient aucune part de vérité, ce ne seraient plus des connaissances du tout, mais de simples lubies de l'esprit. La physique relativiste n'est pas *la* vérité (la Vérité avec un V majuscule, comme vous diriez), mais aucun physicien ne doute qu'elle soit *plus vraie* que celle de Newton ou, a fortiori, de Ptolémée...

J'ai tort, d'ailleurs, de ne prendre que des exemples scientifiques. La vérité est partout, dans les expériences les plus banales comme dans les plus tragiques. Prenons par exemple le deuil. Celui qui a perdu un être cher, il ne peut douter, ni que cet être ait vécu, ni qu'il soit mort... Que peut la sophistique contre le cercueil d'un enfant ?

Et que peut la philosophie ?

Se soumettre à la vérité, ce qui est le contraire de la sophistique ! Cela ne change rien à la mort, bien sûr, cela ne change rien à l'horreur. Mais la vie continue, et la vérité : la philosophie continue donc aussi... Or elle finit par changer quelque chose en nous, et au fond cela rejoint ce que Freud appelait le travail du deuil : il s'agit, purement et simplement, d'accepter la vérité. C'est aussi le principe de la cure analytique, sa seule règle ("la vérité, et encore la vérité", disait Freud), son seul fondement. Encore une citation de Freud, si vous voulez, qui date de 1937 : "La situation psychanalytique est fondée sur l'amour de la vérité, c'est-à-dire sur la reconnaissance de celle-ci, ce qui doit exclure toute illusion et toute duperie." Eh bien, disons que la philosophie (quoique avec un autre point de vue et d'autres armes) relève de la même exigence, comme toute pensée digne de ce nom.

Cela dit, l'horreur reste l'horreur, et la philosophie n'est pas là pour l'escamoter... Cette horreur, on y est plus ou moins sensible, et aussi on la rencontre plus ou moins durement... Plus ça va, plus je suis sensible à la part de hasard ou de chance, dans toute vie, à ce que les Anciens appelaient le destin, qui n'est pas autre chose que l'ensemble de tout ce qui arrive, qui sans doute n'était pas inévitable avant (n'était pas "écrit"), mais qui l'est, bien évidemment, dès lors que cela arrive... Avoir un enfant malade ou pas, être plus ou moins heureux en amour ou en affaires, plus ou moins doué pour la vie, plus ou moins sage, plus ou moins fou, être plus ou moins confronté à la mort, plus ou moins tôt, plus ou moins cruellement, avoir plus ou moins de capacités, un métier plus ou moins intéressant, plus ou moins difficile, plus ou moins harassant, souffrir ou pas de tel handicap ou de telle maladie, avoir ou pas, même, de quoi manger, de quoi se protéger du froid ou de la peur... Il y a ce qui dépend de nous et ce qui n'en dépend pas, disaient les stoïciens et ils avaient raison. Mais ce qui dépend de nous (la volonté, la pensée...) dépend de mille facteurs qui n'en dépendent pas. Puis le destin est le plus fort, parce que l'horreur est la plus forte. Que peut la sagesse pour un enfant qui souffre ou pour une mère qui voit mourir son enfant ? Que peut la sagesse pour tous ceux qui ne sont pas sages, qui ne le seront jamais ? Et contre la misère ? contre la guerre ? contre l'oppression ? Pour des milliards de gens sur terre, et pas seulement dans les pays sous-développés, le bonheur n'est pas vraiment à l'ordre du jour... Je sais bien que la chance ne suffit pas au bonheur : le bonheur n'est jamais donné tout fait. Mais aucun bonheur n'est possible sans la chance, et même, me semble-t-il, sans une chance considérable... Il convient donc d'avoir le bonheur modeste, et le malheur serein : ni l'un ni l'autre ne sont mérités.

A propos de cette sagesse du désespoir, vous évoquez Epicure, les stoïciens et Spinoza, mais aussi le bouddhisme primitif, le Tch'an, le Sâmkhya...

Le désespoir n'a pas de frontières, et la sagesse n'appartient à personne ! C'est moins de l'éclectisme qu'une espèce d'expérience humaine, plus profonde et plus importante que l'incommunicabilité des systèmes ou les divergences des écoles. D'ailleurs, depuis que mes livres sont parus, plusieurs lecteurs m'ont signalé tel ou tel texte que j'ignorais, où les mêmes idées, ou des idées voisines, se rencontraient déjà... Cela me réjouit à chaque fois. Ce n'est pas l'originalité que je cherche : une idée que personne n'aurait jamais eue, cela a toute chance d'être une sottise ! Au reste, je dirais volontiers du désespoir ce que Camus disait de l'absurde : que c'est moins un concept qu'une "sensibilité éparse dans le siècle", et dans tous les siècles. Est-ce la même ? Pas tout à fait. Le monde et la vie ne paraissent absurdes que parce qu'ils ne répondent pas à nos espérances. Pour qui n'espère plus, l'absurde disparaît : il n'y a plus que le réel, l'absolue et très simple positivité du réel. Toujours est-il que cette sensibilité du désespoir, on la retrouve éparse, en effet, à travers les siècles et les millénaires, à travers les continents et les civilisations. J'étais en train de terminer le second tome de mon traité, il y a quelques années, quand je suis tombé devant cette phrase du Sâmkhya-Sûtra, que citait Mircea Eliade : "Seul est heureux celui qui a perdu tout espoir ; car l'espoir est la plus grande torture qui soit, et le désespoir la plus grande béatitude." Et j'étais en train d'achever un livre qui s'appelait *Traité du désespoir et de la béatitude*...

Je pourrais multiplier les exemples et les citations. Il y a quelques mois, dans un quotidien, je parcours un article sur Moravia, qui venait de mourir je crois, dans lequel le journaliste reproduisait les termes d'une interview datant d'il y a quelques années, à propos d'un roman où Moravia abordait le thème du suicide. J'ai découpé l'article. Voici ce que disait Moravia : "J'ai beaucoup pensé au suicide entre 1975 et 1980. Mais j'ai fini par croire qu'il ne faut pas mourir de désespoir. Au contraire. Il faut en vivre. Comme un stoïcien. Ou même comme un chrétien... Il faut vivre à tout prix. Et se nourrir de désespoir plutôt que de vouloir toujours en mourir." Moi, le suicide ne m'a jamais tenté, et il se trouve qu'encore aujourd'hui je n'ai lu aucun livre de Moravia. Mais je relis souvent ces quelques phrases : elles m'aident à vivre...

Et puis il y a deux ou trois jours, un ami, ou plutôt un lecteur qui est devenu un ami (cela arrive !), m'envoie la photocopie d'une interview de Merab Mamardachvili, ce philosophe géorgien mort à Moscou en 1990. Inutile de vous dire que je n'ai rien lu de ce monsieur, dont rien d'ailleurs, jusqu'à très récemment, n'était traduit. Mais dans cet entretien, après avoir évoqué "le silence et la solitude" (vous voyez : je ne suis pas le seul !), Mamardachvili en vient à parler du désespoir. On lui demande si l'avenir ne l'inquiète pas. Il répond : "Non, je n'ai pas peur. Je suis plutôt joyeux... Philosophe par tempérament et non par profession, toute ma vie j'ai vécu sans espoir. Si l'on a franchi le point limite du désespoir, alors désormais devant soi s'ouvre une plaine sereine, je dirais même joyeuse. On est d'une humeur égale et l'on peut être joyeux..." Ces phrases me touchent. C'est le contraire des lendemains qui chantent, des utopies, des religions, de toutes ces espérances qui nourrissent les guerres et les fanatismes... Cet inconnu m'est comme un frère. "Il n'y a pas d'espoir sans crainte ni de crainte sans espoir", disait Spinoza. Je dirais de même : il n'y a pas de sérénité sans désespoir, ni de vrai désespoir sans une part de sérénité.

Ce désespoir que vous évoquez, ce désespoir

serein, n'est-ce pas plutôt de l'inespoir ? Vous utilisez d'ailleurs ce mot, au moins une fois, avant d'y renoncer...

C'est une question qu'on m'a souvent posée. Le mot de désespoir, en français, véhicule une telle charge de tristesse... Mais il se trouve que le mot d'*inespoir* ne s'est pas imposé, et j'ai horreur des néologismes. Surtout, parler d'*inespoir*, ce serait laisser entendre que l'on peut s'installer d'emblée dans cet état serein, que l'on peut faire l'économie de la déception, de la désillusion, de la souffrance... et je n'en crois rien. L'espoir est toujours premier : il faut donc le perdre (c'est ce qu'indique le mot de désespoir), et c'est toujours douloureux. Le désespoir est un travail, comme le deuil chez Freud, et au fond c'est le même. Que tout le monde préfère le mot d'*inespoir*, je le comprends bien : ce serait tellement mieux si l'on pouvait se passer du travail, de la souffrance, de la désillusion ! L'*inespoir* serait comme une sagesse toute faite : ce serait un deuil sans travail. Mais cela, ce n'est pas possible, et c'est un deuil encore à faire... C'est pourquoi j'ai gardé ce mot de désespoir. Il indique au moins la difficulté du chemin... J'observe d'ailleurs que le mot de deuil, chez Freud, manifeste la même ambiguïté, la même hésitation, qui est celle de la vie, la même tension, le même cheminement : que la joie ne redevient possible que de l'autre côté de la souffrance, comme le bonheur ne l'est, me semble-t-il, que de l'autre côté de la désillusion.

Nous ne ferons pas l'économie du deuil : nous ne ferons pas l'économie du désespoir.

On dit pourtant que l'espoir fait vivre...

Oui, et ce n'est pas tout à fait faux ! Je veux dire que beaucoup ne peuvent supporter leurs déceptions successives qu'à la condition de s'en consoler, à chaque fois, par de nouvelles espérances... La vie continue ainsi, d'espérances en déceptions, de déceptions en espérances... Je ne les condamne pas : chacun se débrouille comme il peut. Mais si l'espoir fait vivre, en effet, il fait vivre mal : à force d'espérer vivre, on ne vit jamais, ou bien on ne vit que cette alternance d'espérances et de déceptions, dans laquelle la peur (puisqu'il n'y a pas d'espoir sans crainte) ne cesse de nous étreindre... Mieux vaudrait sortir de ce cycle, et au fond c'est ce que j'appelle la sagesse ou le désespoir. En vérité, ce n'est pas l'espérance qui fait vivre, c'est le désir, dont l'espérance n'est qu'une des formes, non la seule ni la principale !

Quelles sont les autres ?

Il y a d'abord le désir physique, par exemple sexuel, ce qu'on pourrait appeler l'appétit, ou l'appétence, qui est moins un manque, contrairement à ce qu'on croit souvent, qu'une pure puissance d'exister (comme dit Spinoza) ou de jouir. Qu'elle puisse s'accompagner d'espérance, c'est entendu, mais ce n'est pas une fatalité. Le corps nous apprend plutôt ce qu'il y a de désespéré, et souvent de joyeusement désespéré, dans le désir. L'érection, ce n'est pas une espérance ! Et manger de bon appétit, ce n'est pas la même chose qu'espérer manger !

Puis il y a l'amour et la volonté.

La différence entre la volonté et l'espérance, c'est qu'on n'espère que ce qui n'est pas en notre pouvoir, alors qu'on ne peut vouloir que dans le champ d'une action immédiatement possible. Pour parler comme les stoïciens : on n'espère que ce qui ne dépend pas de nous ; on ne veut que ce qui en dépend. Essayez un peu d'espérer marcher... Cela n'a jamais fait bouger personne ! D'ailleurs, qui espérerait marcher, hormis le paralytique ? Nul n'espère ce dont il se sait capable, et cela en dit long sur l'espérance. Ce n'est qu'impuissance de l'âme, disait Spinoza, et tel était déjà le cœur du stoïcisme, son cœur toujours vivant. "Quand tu auras désappris à espérer, disait à peu près Sénèque, je t'apprendrai à vouloir..." En vérité les deux vont de pair : on espère d'autant plus qu'on est moins capable d'action, et d'autant moins qu'on sait agir davantage.

Pour ce qui est de l'amour, la différence est autre. On n'espère que l'irréel ou l'inconnu ; on n'aime que le réel, et à condition seulement de le connaître au moins en partie. Comment aimerait-on ce qui n'existe pas ou qu'on ignore tout à fait ? Comment aimer, par exemple, les enfants qu'on n'a pas encore ? C'est aimer ses espérances, et l'on n'aime alors que soi... Il y aura d'ailleurs tout un travail à faire, pour passer de cet amour narcissique des enfants rêvés à celui, autrement plus riche et difficile, des enfants réels... Travail du deuil ? Sans doute, mais c'est aussi bien le travail de l'amour, ou l'amour même, comme travail. Il y a du désespoir en tout amour, et d'autant plus qu'on se fait moins d'illusions. "Il faut aimer les gens tels qu'ils sont", dit-on souvent. Certes, mais on n'a pas le choix ! Il faut les aimer tels qu'il sont ou ne les aimer pas, les aimer tels qu'ils sont ou n'aimer que ses propres rêves, les aimer tels qu'ils sont ou les espérer autres et leur reprocher toujours de nous décevoir... L'espérance et la rancœur vont ensemble, ensemble l'amour et la miséricorde.

Cela indique le chemin : il s'agit d'espérer un peu moins et de vouloir un peu plus, d'espérer un peu moins et d'aimer un peu plus... C'est le chemin de la sagesse, et c'est une sagesse de l'action, et c'est une sagesse de l'amour. Il s'agit d'apprendre à se déprendre, ou, comme dit Spinoza, de se rendre "moins dépendant" de l'espoir et de la crainte... On n'en a jamais fini, évidemment, et c'est pourquoi nul n'est sage en entier. Mais la sagesse est déjà dans le chemin qui y mène. Il s'agit de vivre, en un mot, au lieu d'espérer vivre...

Cela nous ramène à notre commencement. Qu'est-ce que philosopher ? C'est apprendre à vivre, et si possible avant qu'il ne soit trop tard ! Mais je m'exprime mal. Il est toujours trop tard, en un sens, le poète a raison, et pourtant jamais trop tôt ni trop tard, comme disait Epicure : la vie ne cesse de s'apprendre elle-même, de s'inventer elle-même, jusqu'à la fin, et la philosophie n'est qu'une des formes, en l'homme, de cet apprentissage ou de cette invention. C'est donc la vie qui vaut ! La philosophie n'a d'importance qu'autant qu'elle se met à son service : c'est la vie pensée en action et en vérité.

Et la sagesse ?

C'est la vie *vécue*, ici et maintenant, en action et en vérité ! Autrement dit c'est notre vie réelle, telle qu'elle est : la vraie vie, la vie vraie... Mais nous en sommes séparés, presque toujours, par nos discours sur elle (et notamment par nos discours philosophiques !), par nos espérances, par nos rêves, par nos frustrations, par nos angoisses, par nos déceptions... C'est cela qu'il faudrait traverser, dépasser, dissiper. La sagesse n'est pas une autre vie, qu'il faudrait atteindre : c'est la vie même, la vie simple et difficile, la vie tragique et douce, éternelle et fugitive... Nous y sommes déjà : il ne reste qu'à la vivre.

VIOLENCE ET DOUCEUR

Entretien avec Judith Brouste

Longtemps j'ai cru que j'aimais la littérature. Toute la littérature, et surtout le roman. Et puis un jour, j'ai lu Kafka, et il y a eu comme un déchirement du récit, j'ai perçu le cœur du livre, à vif, l'expérience vivante — ou rêvée — de l'homme qui écrit.

Alors j'ai su que j'aimais le "noyau dur" du roman. Ce qui l'avait engendré. Les romans, les histoires construites peuvent être belles, distrayantes, intelligentes. Elles sont vaines si elles ne sont pas les effets d'une nécessité intérieure. Peut-on aussi percevoir, éprouver cela en philosophie ? N'est-ce pas cette histoire, cette face cachée, cette souffrance inconnue qui t'attache à des hommes comme Montaigne ou Pascal ?

André, qu'est-ce qui t'a fait naître à la philosophie ?

Le roman, peut-être bien ! Et puis la lassitude des romans... Tu sais, j'ai d'abord aimé la littérature, follement : c'était pour moi la vraie vie en effet (comme dit Proust, mais je ne l'avais pas encore lu), et la seule qui vaille. Adolescent, j'ai dévoré des livres qu'on ne lit plus guère, me semble-t-il : Martin du Gard, Kœstler, Somerset Maugham... Gide aussi, et puis Sartre, et puis Céline, et puis Proust, enfin, vers dix-huit ans... En fait, j'ai lu je ne sais combien de romans, et comme je voulais être écrivain, c'est des romans aussi que je voulais écrire... Il se trouve, je m'en suis rendu compte assez vite, que c'est un talent que je n'ai pas. Inventer des histoires, des personnages, tout cela, qui fait le sel des romans que j'admirais (j'ai oublié de dire que les premiers romans qui m'avaient fasciné, et bien avant l'adolescence, c'étaient ceux de Dumas), tout cela, donc, je m'en sentais incapable. Manque d'imagination, sans doute, ou excès de scrupules... Mais il y eut aussi autre chose. J'ai bien dû constater, à la longue, que des romans, j'en lisais de moins en moins, et avec de moins en moins de plaisir, de moins en moins de foi... La philosophie s'était glissée là, mais pas seulement la philosophie : la vie aussi, la vie surtout, la vie toute simple, toute vraie, et tellement difficile ! A côté de quoi les romans m'ont paru mensongers, presque tous, ou ennuyeux et dérisoires. A quoi bon inventer des histoires ? A quoi bon toutes ces phrases, toutes plus jolies et plus inutiles les unes que les autres ? Quand on est très jeune, les romans sont utiles : il faut bien rêver la vie, avant de la vivre. Mais après ? La vie est un roman suffisant, non ? Il y a bien longtemps, même, que je ne relis plus Proust ou Flaubert. Les poètes, oui. Les journaux intimes, les mémoires, les correspondances, oui aussi, parfois. Mais les romans, non. Je parcours tout juste ceux que je reçois : il est bien rare que j'aille au-delà de quelques pages. Le plus souvent j'ai l'impression que ces romans ne se justifient que par l'envie très forte qu'avait l'auteur de publier un livre... Grand bien lui fasse, mais que m'importe ? S'il a quelque chose d'important à dire, que ne le dit-il tout de suite ? Pourquoi tous ces détours, tous ces déguisements ? Très vite, je renonce. La vie est trop brève, la campagne trop belle, le travail trop prenant, les enfants trop présents... J'ai toujours autre chose à faire. Un roman, ce n'est jamais qu'un divertissement, dirait Pascal, et j'en connais de tellement plus agréables !

Tiens, tu vois, me voilà déjà à Pascal, et à l'autre face de ta question, la *face cachée*, comme tu disais, la souffrance... Oui : j'aime les hommes pour leurs blessures, leur fragilité, leur part de nuit ou de désespoir. "*Mon bel amour, ma déchirure...*" Cela vaut aussi pour les artistes, me semble-t-il, même les plus lumineux, même les plus joyeux, les plus légers, les plus aériens... Quoi de plus bouleversant, chez Mozart, que cette fragilité, que cette fêlure, que cette grâce radieuse et désespérée ? Et cela vaut aussi pour mes amis : j'aime qu'ils me disent où ils ont mal, plutôt que de se cacher, comme presque tous, derrière une satisfaction de commande. Ce que les gens disent, le plus souvent, ne sert qu'à les protéger : rationalisations, justifications, dénégations... A quoi bon ? Le silence vaudrait mieux. La parole ne m'intéresse que quand elle est le contraire d'une protection : un risque, une ouverture, un aveu, une confidence... J'aime qu'on parle comme on se déshabille, non pas pour se montrer, comme croient les exhibitionnistes, mais pour cesser de se cacher... Je sais bien que cela n'est pas possible avec n'importe qui, mais les amis, justement, sont ceux avec qui c'est possible, avec qui c'est nécessaire ! Quant aux philosophes... Beaucoup se protègent aussi, beaucoup n'ont inventé leur philosophie que pour cela. Je disais, à propos des bavardages ordinaires : ce ne sont que rationalisations, justifications, dénégations... Combien c'est vrai aussi de la plupart de ces bavardages sophistiqués qu'on appelle philosophies ! Je vais te faire un aveu : les philosophes non plus (sauf pour préparer mes cours), je ne les lis plus guère ! A quoi bon inventer un système ? Ce n'est qu'un roman un peu plus ennuyeux... La philosophie n'a aucune importance. Elle ne sert qu'autant qu'elle rapproche de la vie ou de la vérité, et il est vrai qu'elle en rapproche parfois, par quelques illusions qu'elle dissipe. Mais elle en rapproche d'autant plus qu'elle va droit à sa blessure, plutôt, comme presque toujours, que de tourner autour ou d'essayer de la dissimuler. J'aime les philosophes qui pensent au plus près de leur souffrance : Lucrèce, Montaigne, Pascal... Et Spinoza, quand on sait le lire. C'est son commencement explicite : "L'expérience m'avait appris que toutes les occurrences les plus fréquentes de la vie ordinaire sont vaines et futiles..." Et cette "tristesse extrême", comme il dit aussi, qui vient "après la jouissance" ou quand nous sommes "trompés dans notre espoir" ! Ceux-là ont cessé de faire semblant. Encore Spinoza reste-t-il la dupe de ses démonstrations, comme Lucrèce d'ailleurs de celles d'Epicure. Montaigne et Pascal sont plus lucides, et c'est eux que je relis le plus volontiers. Sincèrement, tu connais un roman qui tienne le coup, à côté des *Pensées* ou des *Essais* ?

Réponds d'abord à ma question : qu'est-ce qui t'a fait naître à la philosophie ?

La douleur, bien sûr, l'angoisse, l'ennui, le désespoir... Tu sais, ma mère était une grande dépressive, et j'ai commencé à philosopher, je crois bien, pour m'arracher à sa souffrance, et à la mienne. A quoi la philosophie ne suffit pas, évidemment, à quoi rien ne suffit : la souffrance est là, il faut vivre avec. Ou si l'on peut s'en libérer, c'est à la condition d'abord d'accepter qu'elle soit là.

Et puis il y a l'ennui, la morosité des jours, la vie qui passe ou qui se défait, le dérisoire ou la banalité de tout... Il y a quelques poèmes de Jules Laforgue qui disent cela, pour lesquels je donnerais tout Balzac, malgré sa puissance, et même plusieurs des romans de Stendhal, que j'aime tant. "*Comme la vie est triste et coule lentement...*" Je vois bien (si tant est qu'on puisse comparer : Laforgue est mort à 27 ans...) que Balzac ou Stendhal sont de plus grands génies — mais qu'importe le génie ? J'aime surtout ceux qui ne sont pas dupes du leur, ou même qui ont conscience d'en manquer. Tiens, justement, ces vers :

"Ah ! que la vie est quotidienne...
Et du plus vrai qu'on se souvienne,
Comme on fut piètre et sans génie !"

C'est de Laforgue encore, et j'ai passé des dimanches entiers à me répéter cela... Etre l'ami de Laforgue, ce devait être quelque chose. Mais l'ami de Balzac ? Quel ennui ! D'ailleurs, Balzac avait-il des amis ?

Tu veux la vérité ? La philosophie n'a aucune importance. Les romans n'ont aucune importance. Il n'y a que l'amitié qui compte : il n'y a que l'amour qui compte. Disons mieux : il n'y a que l'amour et la solitude qui comptent. Mieux encore : il n'y a que la vie qui compte. Les livres en font partie bien sûr, et c'est ce qui les sauve. Mais la vie n'en continue pas moins... Les livres en font partie ; comment pourraient-ils la contenir ? Ils en parlent ; comment pourraient-ils en tenir lieu ? Tout au plus peuvent-ils dire la vérité de ce que nous vivons, cette vérité qui n'est pas dans les livres ou qui ne peut y être que parce qu'elle est d'abord dans notre vie. Vérité de la souffrance et de la joie, vérité de l'amour, vérité de la solitude... A quoi bon autrement la philosophie ? A quoi bon la littérature ? Et sans l'amour, à quoi bon vivre ? Laforgue toujours :

"Comme nous sommes seuls ! Comme la vie est triste !" L'amour naît là pourtant, et la joie, la seule vraie joie, qui est d'aimer. C'est ce que j'ai lu chez Spinoza, et que la vie m'a confirmé. Toutes les occurrences les plus ordinaires de la vie sont vaines et futiles, et il n'y a que l'amour qui soit extraordinaire. Quand on arrive à aimer, et cela arrive malgré tout. Au moins un peu, au moins parfois, même mal, même petitement, même tristement... La question n'est pas de savoir si la vie est belle ou tragique, dérisoire ou sublime (elle est l'un et l'autre, évidemment), mais si nous sommes capables de l'aimer telle qu'elle est, c'est-à-dire de l'aimer. Cela laisse à la littérature sa place, qui n'est ni la première ni la dernière. Les livres ne valent qu'autant qu'ils apprennent à aimer ; c'est pourquoi la plupart ne valent rien, et les romans d'amour, sauf exception, moins encore ! "C'est du roman", dit-on parfois, pour dire : c'est un tissu d'âneries et de mensonges. Eh bien oui, la plupart des romans ne sont que du roman. J'ai mieux à faire : j'ai mieux à vivre. Le plus urgent, c'est de cesser de mentir. La vraie vie, ce n'est pas la littérature : la vraie vie, c'est la vie vraie.

La vie vraie n'est pas donnée. Elle arrive après qu'on se soit débarrassé de toutes les "pelures" de soi-même. On y accède après la traversée de zones d'ombres, après une certaine mort de soi. Elle arrive après ce passage. La vie vraie est presque toujours une résurrection. C'est peut-être cela qu'on appelle le ciel sur la terre, la grâce : vivre un présent qui dure. Qu'on le veuille ou non, même sans dieu, il y a là une dimension mystique...

Tu as raison, la vie vraie n'est pas donnée (à qui le serait-elle ? et par qui ?) : elle est vécue, elle est vivante, elle est le don lui-même, ce qui donne et ce qui reçoit, et c'est pourquoi rien n'est donné, ni à personne. La vie est là pourtant : l'*ego* s'en empare, qui voudrait que ce soit son cadeau, son bien, sa chose... C'est le contraire qui est vrai. Le moi appartient à la vie, non la vie au moi. C'est pourquoi il faut mourir à soi-même, en effet, ou c'est pourquoi plutôt il le faudrait. Seul l'ego meurt, qui n'est fait que de ses propres "pelures", comme tu dis. Qui saurait s'en défaire (qui saurait s'éplucher tout entier !), il serait plus libre et plus vivant que jamais. La vraie vie n'est pas absente, ou nous n'en sommes séparés que par nous-mêmes. Absente-toi : la vie est là, dès que tu n'y es plus ! Cette absence n'est pas dispersion mais disponibilité ; non divertissement, mais accueil. C'est tout le mystère de l'attention, ou plutôt son évidence propre : qu'on ne peut être attentif qu'en s'oubliant, et c'est en quoi sans doute, comme disait Simone Weil, "l'attention absolument pure est prière". Résurrection ? En tout cas pas au sens propre ! Comment serait-ce possible, puisque c'est le moi qui meurt ? Comment le ressusciter, sans le rendre à nouveau prisonnier de soi-même ? Les Orientaux, là-dessus, sont plus lucides que nous. On ne pourrait renaître que pour mourir à nouveau, que pour souffrir à nouveau, et ce cycle des égoïtés successives (le samsâra) serait plutôt, dès lors, cela même dont il convient de se libérer. Tu te doutes que je ne crois pas à la réincarnation. Mais il y a là, au moins, une façon assez juste de poser le problème : le moi n'est pas ce qu'il s'agit de sauver, mais ce dont il faut se libérer. Comme le paradis des chrétiens, à côté, paraît prisonnier du narcissisme ! Cela dit, on pourrait interpréter autrement la résurrection dont parlent les Evangiles. Je suis comme Spinoza : je prends la crucifixion du Christ à la lettre, mais sa résurrection en un sens allégorique. Pour signifier quoi ? Non que le Christ n'est pas mort, mais qu'il a vécu en éternité ; non qu'il est ressuscité, mais que la mort n'a rien pu lui prendre... Que peut-on prendre au don, quand il n'a rien à donner que soi ? C'est là le ciel sur la terre, en effet, c'est là l'unique grâce. La vie libérée de soi : l'éternité. Le désir libéré du manque : l'amour. La vérité sans phrases : le silence. Mysticisme ? C'est un bien grand mot, pour la simplicité de vivre. Ou bien il faudrait expliquer que le mysticisme n'est que la pointe extrême du vivant, quand il s'arrache à soi (trait commun de toutes les expériences mystiques : plus d'ego), quand il n'y a plus que l'être et la joie, que l'être et l'amour... Cela n'apparaît mystérieux que parce que nous en sommes ordinairement incapables : l'ego prend toute la place.

Puisque n'importe qui
peut et doit être philosophe,
peu ou prou, bien ou mal,
la place du philosophe est
celle, exactement, de
n'importe qui.

Mais comment, après la perte de l'espoir, après les deuils successifs, comment retrouver cet amour "extraordinaire" dont tu parles ? Cet amour suppose-t-il la perte de l'innocence ? Peut-il se nourrir d'autre chose que du désir ? De quelle sorte d'amour s'agit-il ?

L'amour n'a pas besoin d'espérance ; le désir n'a pas besoin d'espérance. La sexualité nous l'apprend, non ? Puis l'horreur le confirme... Qu'on puisse aimer après le deuil (comme événement), c'est à quoi tend le deuil lui-même (comme travail). Mais attention : n'allons pas imaginer je ne sais quel amour qui serait extraordinaire par opposition à d'autres qui ne le seraient pas ! C'est l'amour lui-même qui est extraordinaire, tout amour, quand bien même il s'agit, comme presque toujours, d'amours très ordinaires. Je voulais simplement dire que rien n'a d'importance, que rien n'a de valeur, sauf par l'amour que l'on y met ou qu'on y trouve. Une étoile qui s'éteint, quelle importance ? La fin du monde, quelle importance ? Aucune, si nous n'aimions le monde ou la vie ! C'est le sens du relativisme de Spinoza : ce n'est pas parce qu'une chose est bonne que nous la désirons, c'est parce que nous la désirons que nous la jugeons bonne. Mozart ne vaut que pour qui l'aime. Quand bien même le génie serait une notion objective, nul n'est tenu d'en faire une valeur. Le poids, par exemple, se mesure objectivement ; mais pourquoi préférerait-on toujours le plus lourd ? Quand bien même on pourrait démontrer objectivement (c'est bien sûr impossible) que Mozart est le plus grand musicien de tous les temps, cela n'en ferait pas une valeur objective : car il faudrait d'abord démontrer que la musique est préférable à son absence, et c'est ce qu'on ne peut — ou qu'on ne pourrait, si nous n'aimions la musique ! On objectera qu'on peut démontrer que la musique est bonne pour la santé… Sans doute. Mais que vaut la santé, si la vie ne vaut rien ? Et que vaut la vie, si nous ne l'aimons pas ? Il n'y a donc pas de valeur absolue : la beauté ne vaut que pour qui l'aime, la justice ne vaut que pour qui l'aime ! Et la vérité ? Elle n'a pas besoin que nous l'aimions pour être vraie, certes, mais bien pour valoir. Et l'amour ? Il n'est une valeur qu'autant que nous l'aimons, et c'est pourquoi il en est une. Spinoza contre Platon. Ce n'est pas la valeur de l'objet aimé qui justifie l'amour, c'est l'amour qui donne à l'objet aimé sa valeur. Le désir est premier : l'amour est premier. Ou plutôt (car l'amour ne serait absolument premier que si Dieu existait) c'est le réel qui est premier, mais il ne vaut que par et pour l'amour.

Donc, bien sûr, l'amour se nourrit du désir, comme tu dis, l'amour *est* désir. Comment autrement ? C'est presque une question de définition. Je prends "désir" au sens de Spinoza, plutôt qu'au sens de Freud : le désir n'est pas autre chose que la force de vie en nous, ou la vie comme force. C'est puissance de jouir, et jouissance en puissance. Cela dit, la sexualité en est un bon exemple, et davantage peut-être. Il se pourrait que Freud ait raison, et je suis bien certain, en tout cas, qu'il n'a pas tort sur tout. Mais laissons. L'important est de ne pas confondre le désir et le manque. Ou plutôt il y a là deux formes du désir : je peux désirer ce qui me manque, certes, et c'est une souffrance (ainsi la soif, quand je n'ai pas à boire) ; mais aussi désirer ce qui ne me manque pas, et c'est un amour. Désirer l'eau que je bois et aimer cette eau, quelle différence ? Tu me diras qu'il y a une différence entre aimer une femme et la désirer... A nouveau, c'est une question de vocabulaire. Je dirais plutôt qu'on peut désirer cette femme qui est là, c'est-à-dire l'aimer, se réjouir de son existence (Spinoza : "l'amour est une joie qu'accompagne l'idée de sa cause"), ou bien ne désirer que le plaisir qu'on en attend ou qu'on y prend, ce qui est aimer encore mais n'aimer que le plaisir ou que soi... Au fond, cela rejoint la différence traditionnelle entre *éros* et *agapè* ou, comme disait saint Thomas, entre l'amour de concupiscence (qui n'aime l'autre que pour son bien à soi) et l'amour de bienveillance (qui l'aime aussi pour son bien à lui). Le plus souvent, ces deux amours sont mêlés. La passion amoureuse relève bien sûr d'éros ; l'amitié relève bien sûr d'agapè. Mais qui ne voit qu'il y a aussi de la concupiscence dans l'amitié, et de la bienveillance dans le couple ? Eros et agapè — l'amour de soi, l'amour de l'autre — vont ensemble, et c'est ce qu'on appelle l'amour. Il reste qu'il y a entre les deux une différence d'orientation, et que *l'amitié maritale*, comme disait joliment Montaigne, ne saurait se confondre tout à fait avec la passion amoureuse ou érotique. Cela ne veut pas dire qu'elle l'exclut, bien au contraire ! Le plus souvent, encore une fois, les deux vont de pair ; et agapè, en tout cas, n'existe jamais seul. De la une tension, en tout amour réel, qui peut en faire la difficulté, sans doute, mais aussi le charme ou la force. Vouloir du bien à celle qui nous en fait, quoi de plus spontané ? Faire l'amour avec sa meilleure amie, quoi de plus délicieux ? C'est ce qu'on appelle un couple, quand c'est un couple heureux...

Tu n'as rien dit de l'innocence...

C'est que je ne sais pas ce que c'est ! Si l'on entend par innocence je ne sais quelle pureté angélique, nous sommes tous coupables, toujours, et c'est ce que la sexualité nous rappelle. Qu'il y ait de l'enfant en nous, c'est entendu, mais cet enfant n'est innocent, s'il l'est, que par ignorance, pas par pureté ! L'innocence, dès qu'elle se dit, est déjà perdue. Qui n'aime la pureté ? Qui ne désire l'impur ? J'aime aussi, dans la sexualité, ce qu'elle nous apprend sur nous : toute la violence du désir, tout l'obscène de l'amour... Qu'avons-nous vécu de plus fort ? Les films pornographiques sont plus vrais que les bluettes sentimentales. S'il y a une innocence, ce serait d'accepter cela, pleinement. Mais le peut-on ? Il y a aussi, dans l'amour physique, cette fascination de l'abîme... Il y a bien un moment où il faut s'arrêter. Ou bien il faudrait que la sexualité nous laisse, ou que nous la laissions, comme un désir oublié à force d'être satisfait... Il m'arrive d'en rêver, mais cela ne dure jamais très longtemps !

Il y a quelque chose de terrible dans l'amour physique. Quelque chose qui moi, m'empêche de faire l'amour avec mon "meilleur ami". Car s'il y a trop de bienveillance, il n'y a hélas plus beaucoup de sexe. Ce "moment où il faut bien s'arrêter" dont tu parles, je ne suis pas obligée de le vouloir ! Il y a un moment où ce n'est plus l'amour de soi, ou l'amour de l'autre : quelque chose se passe de plus grave que dans l'amour (on y souffre ou bien on s'y ennuie). Dans le sexe on risque son identité, celle de l'autre. On risque de ne plus savoir qui on est, de perdre ses petits repères. L'amour renforce l'existence (l'état de manque, l'attente). Le sexe peut la mettre en péril. Que fais-tu de cette violence ?

Je vis avec, j'aime avec, comme tout le monde... Et puis je la contrôle, malgré tout. Qui ne le fait ? Qu'il y ait du terrible, dans l'amour physique, ou plutôt quelque chose qui n'a plus rien à voir avec l'amour, ni avec la bienveillance, ni même avec l'identité, j'en suis d'accord : de là ce halo d'effroi qui nous fascine. Un peu de vie à l'état pur : bouleversante, effrayante. Toujours collée à la mort. Toujours collée à soi. C'est l'ange de Rilke ("le beau n'est que le commencement du terrible..."), et c'est le seul. C'est la bête monstrueuse, dévorante, parfaite. Un "bloc d'abîme", comme on l'a dit de Sade. La nuit obscure : l'horreur éblouissante. C'est d'ailleurs ce qui m'a toujours rendu suspects les mots d'ordre "libertaires" de notre jeunesse : "Il est interdit d'interdire", "Vivre sans temps morts, jouir sans entraves"... Comme il faut avoir des petits désirs bien sages, pour écrire ça sur un mur ! Comme il faut avoir intériorisé la morale pour imaginer s'en passer ! Pendant un temps, on nous a dit que le sexe c'était le diable, et puis voilà qu'on a voulu en faire le Bon Dieu... Un ridicule chasse l'autre, mais le ridicule demeure. En vérité le sexe n'a pas de morale (la vie non plus), mais c'est aussi pourquoi il nous oblige à en avoir une. Car enfin, que la plupart des comportements sexuels soient moralement indifférents, ce qui est bien clair, cela n'empêche pas que certains soient moralement condamnables : l'humiliation non consentie, l'avilissement obligé, l'exploitation forcée, le viol, la torture, l'assassinat... Notre littérature érotique en est pleine, et c'est par quoi elle échappe à la littérature. Sade n'a rien inventé. Bataille n'a rien inventé. L'horreur est en nous, en nous la bête et le bourreau. Si nos gauchistes avaient lu Sade d'un peu plus près, ou s'ils l'avaient pris un peu plus au sérieux, il y a quelques naïvetés optimistes qu'ils auraient évitées... Eros est un dieu noir, comme dit

Mandiargues, ou plutôt ce n'est pas un dieu du tout, et peut-être ce qui nous interdit d'y croire. *Post coïtum omne animal triste* : c'est qu'il est sorti de soi et de ses illusions, c'est qu'il a vu la vie face à face, et qu'elle ressemble à la mort comme sa sœur jumelle... C'est aussi ce que dit Freud, au fond, et qu'on s'obstine presque toujours à ne pas comprendre. Quand le désir se retire, à marée basse, dans ce reflux, dans ce jusant de vivre, ce qu'il découvre, aux deux sens du terme, ce qu'il laisse derrière et devant lui, c'est la mort même qu'il recouvre, en son flux, et qui le porte... "Sous les pavés la plage", disions-nous... La vérité, en matière de sexualité, est plus grave, plus obscure, plus effrayante. Sous la mer, les bas-fonds. Sous l'amour, la mort.

Donc, tu as raison : le sexe est violence, péril, perte des repères... C'est pourquoi il fait peur, et non à cause de je ne sais quelle morale répressive qu'on nous aurait inculquée. D'ailleurs pourquoi cette morale, si la peur n'était déjà là ? Qu'il faille déculpabiliser la sexualité, ou qu'on ait eu raison de le faire, c'est une évidence. Mais faut-il pour autant n'y voir qu'un loisir agréable ? Ce serait passer d'un mensonge à un autre. J'observe d'ailleurs que les jeunes d'aujourd'hui, tout élevés qu'ils furent par leurs soixante-huitards de parents, ont peur autant que nous, et pas seulement du Sida. Ils ont peur de la sexualité, comme tout le monde, et c'est ce qu'on appelle la pudeur : l'effroi devant soi, et devant l'autre.

N'exagérons pas pourtant cette part d'abîme ou de folie : le corps a ses limites aussi, qu'on rencontre tôt ou tard, le corps a sa sagesse — et l'esprit, ses refus ! "Je ne suis pas obligée de vouloir m'arrêter", dis-tu. Certes. Mais enfin tu es vivante, tu n'as jamais tué ni torturé personne (ou bien c'est qu'il était consentant : ce n'est plus de la torture !), et tu t'es débrouillée, bien sagement, bien prudemment, pour ne jamais te perdre tout à fait... Encore les femmes peuvent-elles aller plus loin, me semble-t-il, que les hommes, davantage prisonniers d'eux-mêmes, de leur force, de la petite mécanique de leur désir... Passons : il faudrait des détails qui deviendraient indiscrets. Toujours est-il que je me méfie de cette tendance, en beaucoup, à surévaluer la sexualité, à en faire je ne sais quelle extase, quelle porte ouverte sur l'absolu, comme si l'univers était à portée d'orgasme, comme s'ils voyaient Dieu au bout de leur sexe ! C'est beaucoup d'orgueil. Nos plaisirs sont plus ordinaires ; nos abîmes, plus médiocres. Il ne faut pas exagérer la vie, comme dit mon ami Marc, et la tentation n'est jamais aussi grande d'exagérer qu'en matière de sexualité. Et puis il y a cela aussi, dans l'amour : après la fureur du désir, comme dit Lucrèce, la grande ou petite paix du repos... Le corps est plus simple (heureusement !) que les discours qu'on fait autour, et plus proche de la bête, pour le meilleur et pour le pire, que du divin...

Pour le reste, tu fais évidemment l'amour

avec qui tu veux, ami ou pas ! Mais enfin, si la chose se répète et dure, ne serait-ce qu'un peu, avec le même, si vous formez un couple ou quelque chose qui y ressemble, je ne vois pas comment tu peux empêcher que l'amitié s'y mêle, avec le temps, donc aussi la bienveillance, l'intimité paisible, la complicité, l'humour, la douceur... A force de faire abîme commun, cela crée des liens, non ? Et que chacun y reste seul, ce qui est notre expérience à tous, les renforce plutôt, puisque cette solitude partagée n'est pas autre chose que l'amour même, dans sa violence (éros) autant que dans sa douceur (agapè)... J'ai toujours été frappé par la formule de Pavese, dans son journal intime : "Tu seras aimé le jour où tu pourras montrer ta faiblesse, sans que l'autre s'en serve pour affirmer sa force." Il ne faut pas dire du mal de la douceur, Judith. Si l'amour est le contraire de la force, comme le veut Simone Weil, ou plutôt le contraire de la violence, s'il est une force qui refuse de s'exercer, une puissance qui refuse de dominer, l'amour (le véritable amour : agapè) est douceur, et c'est ce que la mère sait bien, et que l'enfant sait bien, et par quoi l'humanité s'invente, de génération en génération, en surmontant la bête malgré tout qui la dévore. Par quel miracle ? Ce n'est pas un miracle. Toute femelle sait ça, en toute espèce mammifère. Il se trouve que chez les humains (d'ailleurs pas seulement chez eux) même le mâle en est capable, ou est capable de l'apprendre. Ce n'est pas un miracle : c'est la vie même, qui dévore et qui protège, qui prend et qui donne, qui déchire et qui caresse... Le viol existe en l'homme, et sans doute en tout homme. Mais point seul pourtant : il y a aussi l'amant, et l'ami, et le père... Violence et douceur. Qu'il ne faille pas nier la première, je te l'accorde ; mais pourquoi faudrait-il refuser la seconde ?

L'expérience m'a appris qu'à montrer sa faiblesse, l'autre s'y engouffre pour la rendre plus grande. Je ne crois pas aux bienfaits de l'amour. Je ne crois pas au paradis du sexe. Contrairement aux femmes de ma génération, qui ont vécu "la libération sexuelle", je me suis lancée dans l'amour comme si c'était une bataille. A vingt ans j'écrivais un petit texte intitulé : "Survivre au sexe" ! A chaque fois qu'il fallait faire l'amour avec un homme que j'aimais, c'était une épreuve. Un danger. A l'époque, je lisais Les écrits de Laure (qui fut l'amie de Georges Bataille), que je continue d'aimer, et aussi le livre de René : Le testament d'une fille morte. Elle se nommait en réalité Colette Gibert, elle accompagna Artaud à Rodez, l'accueillit ensuite à Paris et engagea bravement avec lui un dialogue dont demeurent de belles lettres (Suppôt et supplication), et surtout un texte appelé Le débat du cœur, où elle écrit : "Je commence à entrevoir le sens de la rencontre : le commencement de la destruction de moi-même — entièrement inconnaissable à aucun — mais sa certitude".

Ne pas refuser la douceur... "L'amant, l'ami, le père", comme tu dis. Trois en un... Dans la doctrine chrétienne il me semble que ça s'appelle un "mystère" ! Cette coexistence en est un pour moi aussi. Cela veut-il dire qu'il t'est arrivé de la vivre ? De trouver cette femme qui a été "l'amante, l'amie, la mère" ?

Dieu m'en préserve, si tu veux dire que la même femme me serait les trois à la fois ! Une seule mère, dans une vie d'homme, cela suffit... En revanche, si tu veux dire que la mère de mes enfants peut être aussi mon amante et mon amie, bien sûr et heureusement ! Mais il n'y a rien là d'exceptionnel : c'est la règle commune des couples, leur banalité quotidienne. "Trois en un, dis-tu, c'est un mystère..." Du tout. Il y en a bien plus, d'ailleurs, que trois ! Il y a aussi celui qui aime la pensée (disons : le philosophe), celui qui aime la bonne chère, celui qui aime le silence ou la solitude, celui qui aime Mozart ou Schubert... Ce n'est pas trois en un : c'est un individu — n'importe lequel — qui n'en finit pas d'aimer différemment des choses différentes... Le cœur innombrable : c'est le cœur même. Mais revenons au couple. Sauf à détester la personne avec qui l'on vit, sauf à ne plus désirer du tout celle avec qui l'on dort, comment éviterait-on, dans la famille, ces jeux de la douceur et du désir ? C'est d'ailleurs ce que la séparation vient interrompre (encore que : il arrive que douceur et désir survivent même au divorce), et il faut bien qu'il y ait quelque chose à interrompre...

Il ne faut pas rêver les couples. Ces histoires de grandes passions comblées, d'amours qui durent toujours, aujourd'hui plus qu'hier et bien moins que demain, c'est évidemment de la littérature, et de la pire : du mensonge. Quand tu dis que tu ne crois pas aux "bienfaits de l'amour", si tu entends par là les bienfaits de l'état amoureux, tu as évidemment raison et je n'y crois pas davantage. Il faut bien vivre la passion, quand elle est là, mais il est sage alors de n'en rien attendre, et surtout pas des bienfaits ! Mais la passion n'est pas le tout de l'amour, et même elle n'en est pas l'essentiel. Les philosophes mentent moins, sur ce sujet, que les poètes ou les romanciers. Cette exaltation de l'éros, ce délire de l'imaginaire et du désir, ce narcissisme à deux, ils n'ont jamais pu le prendre tout à fait au sérieux. Cela choque souvent les jeunes filles : elles voudraient que les philosophes leur donnent raison. Mais comment, si la vie leur donne tort ? Il ne faut pas rêver les couples, mais il ne faut pas rêver non plus la passion : la vivre, oui, quand elle est là, mais ne pas lui demander de durer, ne pas lui demander de remplir ou guider une existence ! Ce n'est qu'un leurre de l'ego. La vraie question est de savoir s'il faut cesser d'aimer quand on cesse d'être amoureux (auquel cas on ne peut guère qu'aller de passion en passion, avec de longs déserts d'ennui entre deux), ou bien s'il faut aimer autrement, et mieux. Les quelques couples qui réussissent à peu près, et il y en a tout de même, me paraissent explorer cette seconde voie, qui est la plus difficile, sans doute, et la plus douce… Il ne faut pas rêver les couples, mais il ne faut pas non plus calomnier la vie. Tu te souviens de ce qu'écrit Rilke, dans les *Lettres à un jeune poète* : "Nous devons nous tenir au difficile. Tout ce qui vit s'y tient… Il est bon d'être seul parce que la solitude est difficile. Il est bon aussi d'aimer ; car l'amour est difficile…" Quoi de plus bête au contraire, je veux dire de plus facile, que de tomber amoureux ? C'est à la portée du premier adolescent venu, et c'est très bien ainsi : qu'on commence par le plus facile, c'est de bonne pédagogie ! La vie sait sans doute ce qu'elle fait, ou du moins, sans le savoir, le fait bien. Mais enfin l'adolescence ne dure qu'un temps, et c'est heureux aussi. Un de mes amis, il avait une quarantaine d'années, me dit un jour : "A chaque fois que je suis amoureux, c'est toujours comme la première fois !" J'en étais peiné pour lui : cela voulait dire qu'il n'avait rien appris. Moi, au contraire, ce fut différent à chaque fois : je croyais de moins en moins à la passion, et de plus en plus à l'amour. Cela ne m'empêcha pas de retomber amoureux, bien sûr, mais au moins de me faire là-dessus trop d'illusions. Et puis la vie passe, et nous passons avec elle… Rebondir de passion en passion ? Sincèrement, je n'ai plus l'âge.

Quant aux femmes que j'ai aimées ou que j'aime, si tu veux bien nous laisserons ce sujet de côté.

Donc, revenons aux livres… Je n'ai fait

aucune étude, et pourtant ce sont les livres qui ont le plus compté. Ce sont eux qui m'ont sauvée. La lecture fut pour moi une vraie expérience. Ce que Péguy appelle "un renforcement d'être", c'est dans la lecture que je l'ai trouvé.

Pourquoi dis-tu : "La philosophie n'a aucune importance. Les romans n'ont aucune importance." Je ne te crois pas. Retirerais-tu aujourd'hui au livre cette force, cette vérité, ce bouleversement qu'il peut provoquer ?

Un livre, dit Kafka dans son journal, doit être la hache qui brise en nous la mer gelée...

Un écrivain qui croit encore à la littérature, que peut-il nous apporter de vraiment important ? Et un philosophe, s'il croit encore à la philosophie ? S'ils n'ont même pas traversé la vanité de ce qu'ils font, de ce qui les occupe ? S'ils prennent encore leur œuvre ou eux-mêmes au sérieux ? Kafka a raison pourtant : un livre est une hache, en tout cas il peut l'être. Il peut briser la glace. Il peut briser des chaînes. Mais qui aurait le culte des haches ? Qui les préférerait aux vagues ou aux forêts ? Qui leur consacrerait sa vie ? Briser la mer gelée, oui. Mais c'est la mer qui vaut, l'immense mer (le monde, la vie), qui contient tous les livres et qu'aucun ne contient, dont tous les livres parlent et qui ne parle pas. Combien d'auteurs, combien de lecteurs, sont comme des marins absurdement qui collectionneraient des haches et qui en oublieraient de naviguer ? J'ai vu ta bibliothèque : tous ces livres bien rangés... La

Je ne détiens aucune vérité inconnue, ni moi ni personne...

mienne est plus désordonnée, mais c'est tout comme. Toutes les bibliothèques se ressemblent : ce ne sont que des morts verticalement serrés. Qu'il y ait là plusieurs chefs-d'œuvre, et même, dans la tienne ou la mienne, qu'il n'y ait là, pour ainsi dire, que des chefs-d'œuvre, c'est entendu. Mais à quoi bon les chefs-d'œuvre, s'il n'y avait la vie, et si la vie ne valait mieux que les chefs-d'œuvre ? Je ne sais pourquoi, tout d'un coup, je pense à La Fontaine, et à cette épitaphe qu'il avait rédigée pour son propre tombeau : "De sa vie il fit deux parts, qu'il passa, l'une à dormir, et l'autre à ne rien faire." Celui-là avait du génie pourtant, et quels chefs-d'œuvre nous lui devons ! Mais justement, il est essentiel à ces chefs-d'œuvre qu'il n'en ait pas été dupe, je veux dire qu'ils ne sont si souverainement réussis que parce qu'il ne les a jamais pris, ni la littérature, complètement au sérieux. Même chose pour Pascal ("se moquer de la philosophie, c'est vraiment philosopher..."), même chose pour Montaigne : "Composer nos mœurs est notre office, non pas composer des livres... Notre grand et glorieux chef-d'œuvre, c'est vivre à propos." Les livres y aident, parfois, je te l'accorde (et celui de Montaigne plus qu'aucun autre !) ; mais ils ne sauraient en tenir lieu. Combien de grands hommes, combien de grands penseurs n'ont rien écrit ? Combien de petits messieurs font des livres ? C'est une idée qui me fit rêver longtemps, dans mon adolescence : que les plus grands maîtres devaient s'être dépris aussi de la littérature, et donc, parce qu'ils n'avaient rien écrit, en tout cas rien publié, être totalement inconnus... C'est une idée que j'ai retrouvée plus tard dans le Tao : "L'homme parfait est sans moi, l'homme inspiré est sans œuvre, l'homme saint ne laisse pas de nom." Quelle vanité à côté que nos livres ! Tu sais, quand on est reçu à l'Ecole Normale Supérieure, rue d'Ulm, et mis à part le moment des résultats, le plus grand choc, c'est quand on pénètre pour la première fois dans la bibliothèque... On se sent quelqu'un, on songe aux glorieux ancêtres, à l'œuvre à écrire, bref on est complètement ridicule. Et puis on se promène... Ce qui fait le charme de cette bibliothèque (et qui la distinguait bien fortement de celles que j'avais fréquentées jusqu'alors : Sainte Geneviève, la Sorbonne...), c'est qu'on y circule librement, qu'on y cherche soi-même les livres dont on a besoin, qu'on s'y perd, qu'on s'y noie... C'est une des grandes bibliothèques de France, sans doute, mais enfin ce n'est pas la Bibliothèque Nationale : on n'y trouve que des livres qui ont été choisis, sélectionnés, soit au total, c'est ce qu'on nous expliqua le jour de la rentrée, quelque chose comme 500 000 volumes, rien que pour la bibliothèques des Lettres... C'est très peu par rapport à la B.N. (treize millions de volumes) ou à la Bibliothèque du Congrès, à Washington (vingt millions de volumes !). Mais pour un individu, c'est déjà écrasant... Tu peux faire le calcul. On rentre à l'école vers vingt ans, et la bibliothèque nous est accessible à vie : disons que cela peut offrir une soixantaine d'années de lecture en perspective... Mettons les choses au mieux, ou au pire : un normalien qui lirait un livre par jour, tous les jours que Dieu fait, pendant soixante ans. Il aura lu, au bout du compte, quelque vingt-deux mille livres, soit un peu plus de 4% d'une bibliothèque de bonne qualité, certes, mais exclusivement littéraire (or les livres de science, cela existe aussi !) et assez pauvre, au demeurant, pour ce qui est des littératures étrangères... Cela vaut-il la peine ? Qui voudrait d'une telle vie ? Imagine un peu notre homme, vers quatre-vingts ans : comme il aura passé sa vie à lire (un livre par jour, cela fait beaucoup, surtout s'il y a dans le lot des livres de philosophie !), il mourra épuisé, presque sans avoir vécu, et sans avoir, peut-être bien, rien appris d'important... D'ailleurs, si les livres lui avaient appris l'essentiel, ou s'il avait su l'y trouver, aurait-il continué cette vie de fou ? Quant aux autres, les gens normaux, ceux qui lisent, comme toi ou moi, disons un livre par semaine, en moyenne (pour la *Critique de la raison pure*, cela m'a pris trois mois, en y consacrant toutes mes matinées, et je l'ai reprise bien souvent depuis...), ils auront lu, à la fin de leur vie, s'ils vivent assez vieux, et s'ils ne relisent jamais, ou guère, un peu plus de 3000 livres, soit beaucoup moins d'1% (ou peut-être 1% des œuvres, si l'on tient compte des titres qui figurent là en plusieurs exemplaires) de cette même bibliothèque pourtant bien incomplète... Je ne sais pas si j'ai fait ce genre de calculs dès cette première visite. Mais je me souviens très bien, en revanche, de l'espèce d'accablement qui me saisit alors, entre ces rayonnages, quand je compris d'un coup que non seulement je ne lirais jamais tout, ni la moitié, ni le quart, ni le dixième de ces livres, mais encore qu'il était parfaitement vain et dérisoire de vouloir ajouter — simplement parce qu'ils porteraient mon nom ! — trois ou quatre volumes à cette masse déjà écrasante et folle. La vie est ainsi faite : j'avais voulu rentrer dans cette école parce qu'on la disait vouée, depuis toujours, à former de futurs écrivains, et à peine y entrais-je que la vanité de la littérature (et de la philosophie aussi bien) venait briser mon rêve dans le lieu même où il était censé se réaliser... Mais c'est bien ainsi : c'est un peu de ridicule et d'illusions qui m'abandonnaient. Je croyais moins aux livres, c'est vrai, je tenais moins à en écrire, mais j'étais dans de meilleures dispositions pour en écrire un jour, peut-être, qui ne fussent point trop vains, ni trop vaniteux, ni trop inutiles...

Et puis il y a autre chose. J'ai trois enfants, tu le sais, trois petits garçons, qui non seulement m'importent beaucoup plus que tous les livres, cela va de soi, mais au sujet desquels, en outre, je ne me préoccupe guère de savoir ce qu'ils liront, ni même si la lecture sera pour eux, comme ce fut pour moi, quelque chose d'essentiel. Bien sûr, je ne souhaite pas qu'ils soient analphabètes. Je leur ai lu des histoires, je leur achète des livres, je leur proposerai bientôt *Les Trois mousquetaires* et *Vingt ans après*, parce que ce sont des livres qui ont marqué mon enfance, et que forcément (quoique à tort !) je projette un peu la mienne dans la leur... Mais je ne vais pas plus loin : c'est leur vie, non la mienne, et il y a tellement plus important, dans une vie, que les livres qu'on lit ! Aimeront-ils Proust ou pas ? Préféreront-ils la littérature ou le cinéma ? Lire, ou faire du sport ? Les lettres ou les sciences ? Sincèrement, cela ne m'importe guère. Quant à savoir s'ils liront la *Critique de la raison pure*, alors là, vraiment, cela m'est complètement égal ! Je prends ce livre à dessein. Je l'ai retravaillé récemment, pour mes étudiants : c'est évidemment l'un des plus grands livres de philosophie qui ait jamais été écrit... Or, tu vois, il ne m'importe pas du tout que mes enfants le lisent ! Qu'ils soient en bonne santé, qu'ils soient heureux, qu'ils sachent à peu près vivre et aimer, oui, bien sûr, cela m'importe, et même au-delà de ce que je voudrais. Mais qu'ils lisent Kant et Proust, non. Cela ne veut pas dire que les livres ne servent à rien. Ils nous apprennent des choses, ils peuvent même nous apprendre un peu, quand ce sont de grands livres, à vivre et à aimer. Mais même alors, ils sont inessentiels : ils ne valent qu'au service de la vie, quand trop d'intellectuels croient que la vie ne vaut qu'à leur service... Tristesse, tristesse des intellectuels ! Tristesse, par exemple, des universitaires ! Sur des livres que plus personne ne lit, ils font des livres que personne ne lira... Cela est respectable, émouvant, s'ils le font par fidélité au passé et à leur fonction. Cela peut même être utile. J'ai tort de dire que personne ne les lit : l'Université est un petit milieu, mais nécessaire, qui se reproduit ainsi, de maître à élève, de thèse en thèse, de colloque en colloque... C'est seulement quand ils se prennent au sérieux, ou leurs livres, que cela devient écrasant d'ennui et de ridicule. Les meilleurs d'entre eux, les plus estimables, et j'en connais plusieurs, sont ceux qui travaillent sérieusement, oui, avec ce sérieux désespéré de l'intelligence, mais sans se prendre eux-mêmes, ni leur œuvre, au sérieux. Quand je dis que les livres n'ont pas d'importance, cela ne veut pas dire qu'ils ne servent à rien. Cela veut dire que ce qui importe, ce ne sont pas les livres, mais ce à quoi ils servent, justement, quand ils servent à quelque chose. Or à quoi serviraient-ils, si ce n'est à vivre un peu moins mal ? Les livres n'ont pas d'importance : il n'y a que la vie qui importe, et seuls méritent d'être lus les livres qui se mettent à son service — seuls méritent d'être lus, en conséquence, les auteurs qui savent que les livres n'ont pas d'importance ! Notre ami Christian Bobin en est un bon exemple, lui qui sait si bien dire "la vraie vie, celle qui n'est pas dans les livres mais dont les livres témoignent..." S'il est le plus grand poète de notre génération, comme je le crois, ce n'est pas seulement qu'il est plus doué que les autres, c'est aussi que lui, au moins, n'est pas dupe de la poésie ! Tu te souviens de ce qu'il expliquait à Charles Juliet : "Si la poésie n'est pas la vie dans sa plus belle robe, dans sa plus franche intensité, alors ce n'est rien — un amas de petites encres, petits orgueils, petites souffrances, petites sciences..." J'en dirais autant, *mutatis mutandis*, de la philosophie. Si elle n'est pas la vie dans sa plus belle intelligence, dans sa plus franche gravité, à quoi bon la philosophie ?

Donc, je reviens à ta question, qu'on puisse trouver force, vérité, courage, dans les livres, j'en suis évidemment d'accord ; mais on en trouvera d'autant plus qu'on se fera moins d'illusions sur eux, et d'ailleurs sur la vie. Voilà : j'aime la littérature et la philosophie pour leur charge de désillusion ; comment aimerais-je les livres qui se nourrissent (jusqu'à devenir obèses !) des illusions qu'ils se font sur eux-mêmes ? J'aime les livres pour la vérité qu'ils dévoilent ; comment aimerais-je ceux qui ne font qu'ajouter un voile de plus, fût-il somptueux ou rare ? J'aime les livres qui se mettent au service de la vie ; comment les aimerais-je plus qu'elle ou à sa place ?

D'ailleurs, tu es comme moi : tu n'es revenue aux livres, dans notre entretien, que parce que je ne voulais pas te parler des femmes de ma vie... C'est toujours comme ça, et cela en dit long sur les livres !

Ces livres, dans ma bibliothèque bien rangée comme tu dis, ce sont autant de petits cailloux, de repères qui ont jalonné ma vie. Ce sont des rencontres. Certaines ont changé mon existence. Complètement. Il n'y a pas seulement la réflexion, mais aussi le rêve, le délire, l'élan. Partir... Passer une soirée avec Lautréamont n'est pas si mal et souvent préférable à une rencontre ou une conversation.

Dans cette quête de l'ailleurs, il y a ceux qui se passent des mots : les musiciens. Les peintres. Quel rapport as-tu eu avec la peinture ? Qu'en as-tu gardé ?

Bien sûr qu'un livre peut changer une vie ! C'est même à cette seule condition qu'il vaut vraiment la peine d'être lu ou d'être écrit... Mais cela confirme que les livres ne valent pas par eux-mêmes, ni pour eux-mêmes : ils ne valent que pour les vivants, ils ne valent que par la vie qu'ils contiennent, qu'ils suscitent ou qu'ils peuvent bouleverser ! J'ai fait la même expérience que toi, avec d'autres auteurs, d'autres rencontres... Oui, il y a des livres qui m'ont marqué à jamais, qui m'ont transformé : Baudelaire, Rilke, Spinoza, Hume, Montaigne... Proust aussi. Et puis, avant tous ceux-là, *Les Thibault*, de Martin du Gard, et *Les Nourritures terrestres*, de Gide. Tu vois que l'ensemble est bien hétéroclite, bien disparate, et d'une valeur plutôt inégale. Martin du Gard, c'est beaucoup mieux qu'on ne le dit parfois, mais enfin ce n'est pas Proust... Peu importe. L'effet d'un livre dépend autant de celui qui le lit, et du moment où il le lit, que de son contenu ou de sa valeur propres. J'ai lu Gide et Martin du Gard très tôt, entre quatorze et seize ans, au meilleur moment donc, celui de l'enthousiasme ("Nathanaël, je t'enseignerai la ferveur..."), celui de la plus grande disponibilité... Et j'en ai lu d'autres trop tard, au contraire, pour qu'ils me marquent ou me touchent vraiment. C'est ce qui s'est passé avec Kafka, me semble-t-il : quand je l'ai lu, toutes ces histoires ne m'intéressaient déjà plus, sauf son journal, et ce n'est pas un hasard... Quant à Lautréamont, c'est peut-être l'inverse : j'ai dû le lire trop tôt, je n'en ai qu'un très pâle souvenir d'adolescence, et tu me donnes soudain l'envie de le reprendre... Que de hasards dans tout ça ! Une vie de lecture, une vie de rencontres... Mais tu as raison : ces rencontres nous font et nous défont, autant ou plus, parfois, que les autres... Tu veux un aveu ridicule ? Le livre qui m'a le plus marqué, le plus profondément, le plus définitivement, je crois bien que c'est *Vingt ans après*, de Dumas. Quand on a aimé Athos comme je l'ai aimé, à dix ou onze ans, puis durant son adolescence (c'est le premier livre je crois que j'ai relu), il y a toutes sortes de choses qui sont définitivement exclues : l'optimisme, certes, l'humanisme niais, mais aussi bien le nihilisme, la frivolité, la sophistique, le mensonge, la veulerie, la vulgarité, la bassesse, l'abandon aux modes ou aux facilités du moment... Et puis d'autres choses, au contraire, qui vont de soi : la gravité, la solitude, le sens de l'amitié, une certaine idée de la noblesse et du courage, un certain désespoir... Il m'arrive de penser que tout ce que j'ai écrit, depuis quinze ans, ces centaines de pages, ce n'était que pour donner à Athos la philosophie qu'il mérite. Pourtant je sais bien que si je devais découvrir aujourd'hui *Les Trois mousquetaires*, *Vingt ans après* et *Le Vicomte de Bragelonne*, cela ne me ferait guère d'effet : très certainement, je n'irais pas au bout ! Ce que les Grecs appelaient le *kairos*, le temps opportun, le moment propice, l'occasion favorable, cela vaut également pour la lecture ! J'ai davantage d'admiration aujourd'hui pour Proust ou Flaubert, et je sais combien eux aussi m'ont marqué en profondeur. Mais moins que Dumas toutefois, et pour des raisons qui ne tiennent pas à la littérature mais à la vie, à la mienne en l'occurrence, avec ce que cela suppose de contingence et d'irréversibilité...

Quête de l'ailleurs ? Oui, sans doute. Dumas m'a fait rêver, délirer presque : j'ai passé des heures, des jours, à cheval ou à la cour, au XVIIe siècle, dans le bruit des épées, entre Athos et d'Artagnan ! J'étais Bragelonne ou Louis XIV, rien de moins (Athos, jamais : je n'aurais pas osé), et ce sont peut-être les heures les plus heureuses ou les plus exaltées que j'aie jamais vécues... L'enfance est un miracle et une catastrophe, et ce miracle est un rêve en effet, et ce rêve est une catastrophe... Mais enfin j'ai grandi. Le rêve m'intéresse de moins en moins : j'aime mieux aujourd'hui les livres qui me ramènent au réel, à la vérité, à la lucidité...

Plutôt les philosophes ou les poètes, à nouveau, que les romanciers, et de préférence ceux qui ne croient ni à la philosophie ni à la poésie ! Montaigne, Pascal, Valéry, Alain, Simone Weil, Wittgenstein, Bobin, Laforgue... C'est mon panthéon du moment : cela changera, puisqu'il n'y a pas de panthéon. La littérature n'est pas une religion, voilà, les écrivains ne sont pas des dieux, ou bien je suis athée aussi de cette religion-là. Plus les livres m'ont marqué et moins j'y ai cru. C'est une forme de désespoir, si tu veux, mais tonique, allègre, salubre. Sous les livres la vie, sous les mots le silence. Tu connais la formule de Valéry : "Le beau, c'est ce qui désespère". Un beau livre doit donc désespérer aussi des livres. C'est le plus beau cadeau que me firent quelques grands écrivains : ils m'ont libéré d'eux en me libérant de moi, ou m'ont libéré de moi, au moins un peu, en me libérant d'eux... Tu sais, quand la mer se retire, cette douceur soudain, cette tranquillité, cette liberté... On dirait que quelque chose de nous est parti avec elle, là-bas, nous a quitté, et cela fait comme une paix nouvelle, comme une légèreté nouvelle. On respire mieux. On marche mieux. Comme la plage est grande ! Comme le ciel est beau ! J'en suis là : je lis de moins en moins ; je me promène, pieds nus, sur le sable... Enfin j'essaye, et je n'aime que les livres qui m'y aident.

Concernant les peintres ou les musiciens, c'est un peu la même chose, en plus net.

Schubert et Chardin ont changé ma vie, non peu à peu, comme les philosophes ou les romanciers, mais tout d'un coup. C'était l'année d'après l'agrégation, je crois. Je faisais semblant de vivre et d'être heureux, d'ailleurs avec de moins en moins de succès : je menais l'existence stupide et vaine d'un jeune intellectuel parisien. Puis un jour, je descendais le Boulevard Saint Michel avec un ami, nous nous arrêtons devant les présentoirs d'un disquaire. Mon ami me montre un disque soldé : "Tu connais ?" Non, je ne connaissais pas : c'était *La Jeune fille et la mort*, de Schubert, par le Quatuor Hongrois. "Achète-le, me dit mon ami, c'est vraiment pas cher, et c'est génial !" Ce que je fis. Sitôt rentré chez moi, je l'écoute sur le vieux tourne-disque que j'avais : cela me parut aride, acide, rebutant... Mais j'aimais cet ami, je lui faisais confiance plus qu'à moi-même : j'ai écouté puis réécouté le disque, des dizaines de fois, en quelques jours... Très vite l'émotion vint, puis l'admiration, puis les larmes... Tant de gravité, tant de profondeur, tant de beauté ! Je voyais ma vie, par contraste, comme elle était : absurde, frivole, malheureuse. Tout ce qui m'occupait encore, quinze jours plus tôt, me parut dérisoire. Tous ces livres, tous ces films, toutes ces discussions, tous ces projets... Je résolus aussitôt, par exemple, de ne plus lire que des livres qu'on pût comparer, sans trop de ridicule, à *La Jeune fille et la mort*... Tu imagines le tri que cela fait ! Adieu les thèses et les petits essais brillants ! Adieu les nouveaux-romans et les critiques d'avant-garde ! Quelque chose s'est cassé là, qui m'a séparé de la modernité du moment, qui m'a éloigné de plusieurs de mes amis, parfois douloureusement, pour me renvoyer à moi-même, à l'enfance, à la solitude, à Athos... Je suis entré alors dans une période esthétisante et archaïsante, dont il a bien fallu plus tard que je sorte (l'art est un piège aussi, d'autant plus redoutable quand on ne considère que ses sommets), mais qui m'a sauvé au moins du parisianisme et de l'intellectualisme dans lesquels je baignais... C'est à la même époque, grâce à Schubert donc, que j'ai découvert Chardin. Il se trouve que cette année-là, alors que je ne m'intéressais plus qu'à l'art, il y eut deux grandes rétrospectives simultanées, dans deux musées différents, l'une consacrée à Magritte et l'autre, tu t'en souviens peut-être, à Chardin. Autour de moi, bien sûr, on parlait surtout de Magritte... Je vis les deux expositions presque le même jour. Magritte me déçut : c'était moins beau que sur les cartes postales. Chardin, au contraire, me bouleversa : c'était tellement plus beau, plus vrai, plus profond, plus subtil, plus riche, plus léger, plus précieux, plus lumineux, non seulement que les quelques reproductions que j'en connaissais, cela va de soi, mais même que tout ce que j'avais jamais su voir ou admirer ! C'est la première fois par exemple, j'étais très ignorant, que je comprenais ce que c'était que la *matière*, chez un peintre, en quoi elle a à voir avec la vérité, avec le temps qui passe ou qui ne passe pas, et ce qu'il peut y avoir en elle d'inépuisable, de merveilleux, de déchirant... Moi qui faisais profession jusque là d'aimer surtout Van Gogh et Picasso, je me découvrais autre, avec des goûts que je ne me connaissais pas : épris de douceur, de simplicité, de vérité, d'humilité... Ce fut une drôle de période, tu sais, et je n'en finirais pas si je voulais te la raconter : il faudrait parler aussi de Mozart et Beethoven, de Vermeer et Corot, de Corneille, de Rilke, de Victor Hugo, de Michel Ange, de Ravel... Et d'une femme, bien sûr. Toujours est-il que l'art et l'amour m'ont guéri de la vie vaine et mensongère que je menais alors, de "ces jeux faciles et frivoles, comme dit Rilke, par lesquels les hommes tentent de se dérober à la gravité de l'existence". Puis la philosophie m'a délivré de l'art, peu à peu, puis d'elle-même... Que reste-t-il ? Il reste la vie, la vie réelle, avec l'art dedans, avec la philosophie dedans — mais à son service, et non plus à sa place ! Il reste la gravité de l'existence, en effet, cette gravité qui n'est ni la lourdeur ni le sérieux. Que la vie puisse être grave et légère, grave et dérisoire, c'est justement ce que l'art nous apprend de plus précieux et que la philosophie nous aide à comprendre ou à accepter... C'est pourquoi Mozart est le plus grand de tous sans doute, ou le plus irremplaçable, en tout cas c'est lui qui m'a le mieux fait sentir (quoique seulement par moments, par éclairs : ce que Mozart a à nous dire, on n'est que bien rarement capable de l'entendre, mais cela ne s'oublie pas) ce que la vie avait de miraculeux et de désespéré, de très simple aussi, de très léger, de très pur, bref que la vie était grâce, et qu'il n'y a pas d'autre grâce que l'amour... Tu connais ces disques de Dinu Lipatti et Clara Haskil ? Tout le monde n'est pas capable de jouer Mozart, ni de l'aimer, ni de le faire aimer. La virtuosité n'y peut rien. La volonté n'y peut rien. La grâce, par définition, ne se décide pas, ne se conquiert pas. L'amour n'est pas affaire de volonté, ni de technique, ou celles-ci ne sont que des conditions préalables. Préalables à quoi ? A un certain abandon, à une certaine transparence, à une certaine facilité, à une certaine légèreté... Point trop d'angélisme pourtant. Que la grâce ne suffise pas, tu le sais aussi bien que moi, et c'est ce que Beethoven ou Schubert ne cessent de nous rappeler. Nous avons besoin aussi de courage, de douceur, de renoncement... La vie est tout cela, et c'est tout cela que la musique exprime, que la poésie chante, dans ses meilleurs moments ("La vie est là, simple et tranquille..."), que la philosophie essaye de penser... L'art au service de la vie, donc, et non pas la vie au service de l'art ! Le monde, quoi qu'en ait dit Mallarmé, n'est pas fait pour aboutir à un beau livre. C'est tout le contraire : les livres ne sont faits que pour dire la beauté ou l'horreur du monde (la beauté *et* l'horreur), l'éblouissement de vivre, le déchirement d'aimer... Puis l'effort, l'angoisse, la solitude, la fatigue... Ce qu'il nous aura fallu malgré tout de courage ! Ce courage-là se retrouve dans les grandes œuvres, dans toutes, et c'est pourquoi elles en donnent.

Tout ce que tu dis est si bien... Trop bien peut-être. Je me promène aussi pieds nus sur le sable, mais je perds souvent l'équilibre, et le sable devient mouvant. La légèreté, la pureté deviennent difficiles, une vraie conquête. L'éblouissement de vivre n'a jamais cessé. Mais non plus le refus du monde. Ni la révolte.

Oui, je connais les très beaux disques avec Clara Haskil... J'ai beaucoup écouté aussi Yves Nat... Les dernières sonates de Beethoven. Mais j'ai aimé passionnément les vivants de ma jeunesse. J'ai aimé ceux qui ont été contre le monde, dans son envers... Janis Joplin... Jim Morrisson... Il y a une forme de violence dans laquelle je me retrouve : la rage de vivre contre. Toi, connais-tu la haine ? Et pour qui ?

La haine ? De moins en moins ! La colère et le mépris, oui, encore un peu. Mais la haine... Tu sais ce que dit Spinoza : "Les hommes se haïssent d'autant plus qu'ils se figurent être libres." Disons que j'ai trop conscience de la nécessité de tout pour haïr vraiment. Qui haïrait la mer ou le vent ? Et que sommes-nous d'autre qu'une bourrasque ou une brise, dans le grand vent du réel ? Qu'une goutte d'eau, dans l'immense mer ? Qui se choisit soi ? Il faudrait n'être rien, c'est ce que Sartre a vu, et qui le réfute. La liberté (au sens métaphysique du terme : le libre arbitre, le choix de soi par soi, le pouvoir indéterminé de se déterminer soi-même...) n'est possible qu'à la condition de n'exister pas. Le réel nous en sépare : notre corps, notre vie, notre histoire. Un salaud, ce n'est jamais qu'un enfant qui a mal tourné. Et que reprocher à un enfant ? Et qui choisit de tourner mal ? On m'a rapporté qu'un jour Malraux interrogea un vieux prêtre, pour savoir ce qu'il retenait de toute une vie de confesseur, quelle leçon il tirait de cette longue familiarité avec le secret des âmes... Le vieux prêtre lui répondit : "Je vous dirai deux choses : la première, c'est que les gens sont beaucoup plus malheureux qu'on ne le croit ; la seconde, c'est qu'il n'y a pas de grandes personnes." C'est beau, non ? Le secret, c'est qu'il n'y a pas de secret. Nous sommes ces petits enfants égoïstes et malheureux, pleins de peur et de colère... Haïr ? Ce serait ne pas comprendre, et se donner bien facilement raison. Une fois qu'on a renoncé à la superstition du libre arbitre, à l'idée que les gens feraient exprès d'être ce qu'ils sont, la haine s'apaise. Pour laisser place à l'amour ? Ne rêvons pas. Pour laisser place plutôt, et peu à peu, à la miséricorde et à la compassion. L'amour vaudrait mieux, bien sûr, mais en sommes-nous capables ? Si peu, si rarement, si mal... La miséricorde et la compassion sont davantage à notre portée. C'est en quoi le message du Bouddha, certes moins ambitieux ou exaltant, est sans doute plus réaliste que celui du Christ... Les béatitudes, si l'on ne croit pas à l'au-delà, c'est beaucoup nous demander, non ? Enfin chacun fait ce qu'il peut, et l'on ne peut guère. Mais justement, cela nous ramène à la haine, j'ai trop conscience du peu que nous sommes et que nous pouvons, j'ai trop conscience de notre misère, comme dit Pascal, j'ai trop conscience de notre faiblesse, trop conscience des déterminismes qui pèsent sur chacun de nous, des hasards qui nous font et qui nous défont, pour pouvoir détester vraiment. Comment haïr un animal ? Et que sommes-nous d'autre ? Je ne crois pas assez à l'humanité pour détester les hommes. L'antihumanisme et la miséricorde vont de pair. "Le matérialisme, disait La Mettrie, est l'antidote de la misanthropie" : il est d'autant plus humain qu'il est moins humaniste (qu'il se fait moins d'illusions sur les hommes). Je prends "antihumanisme", tu l'as compris, au sens d'Althusser : il ne s'agit pas des droits de l'homme mais de la conception que l'on se fait de l'humanité, non de ce qu'on *veut* pour les hommes (de l'humanisme pratique) mais de ce qu'on en *pense* (ce pourquoi Althusser parlait d'antihumanisme *théorique*). Or je n'en pense pas assez de bien pour leur reprocher le mal qu'ils peuvent faire, je ne m'illusionne pas assez sur leur liberté pour pouvoir les haïr. Au rebours, combien d'humanistes ont fait payer chèrement aux hommes la haute idée qu'ils se faisaient de l'humanité ?

Est-ce à dire que tout aille pour le mieux

dans le meilleur des mondes ? Au contraire ! Tout va mal, puisque tout meurt, puisque toute vie est souffrance, comme dit le Bouddha, puisqu'on ne sait ni aimer ni perdre... Mais à nouveau cela pousse davantage à la compassion qu'à la haine. "La légèreté, la pureté deviennent difficiles", dis-tu. Comme c'est vrai ! Comme la vie est lourde parfois ! Comme on voudrait s'asseoir et pleurer ! Oui, ce qui demeure en moi, ce n'est pas la haine : c'est l'horreur, le dégoût, le refus, les larmes. C'est folie, en un sens : la sagesse serait d'accepter tout. Mais je me moque de la sagesse. Ou si je veux bien accepter à la rigueur, puisqu'on ne peut faire autrement, je me refuse à célébrer. Le monde n'est pas Dieu. Accepter, supporter, oui, s'il le faut ; mais qu'on ne me demande pas d'applaudir ! Le monde est atroce, la vie est atroce : toute cette souffrance, toutes ces injustices, toutes ces horreurs sans nombre... C'est Laforgue qui a raison, là encore : "La vie est vraie et criminelle". Quelle formule plus exacte ? On dira qu'il y a aussi des plaisirs, des joies... Bien sûr, mais cela ne compense pas ! Mille enfants qui rient, cela ne fait pas le poids contre un qui souffre ou qui meurt. L'horreur est la plus forte. La souffrance est la plus forte. La mort est la plus forte. Cela n'empêche pas de jouir de la vie quand elle est là, du plaisir quand il est là. Mais cela empêche, ou devrait empêcher, d'en jouir avec trop d'enthousiasme ou d'égoïsme. La seule sagesse aujourd'hui acceptable est une sagesse tragique, comme dit mon maître Marcel Conche, autrement dit une sagesse qui ne fait pas l'impasse sur l'atrocité quotidienne : une sagesse qui ne fait pas comme si le pire n'existait pas, comme si Auschwitz n'existait pas, comme si la souffrance des enfants et la décrépitude des vieillards n'existaient pas... Sagesse tragique : sagesse du désespoir. Je n'ai jamais pu supporter, à l'inverse, les sagesses de la justification, de la célébration, de la glorification : les sagesses de l'oubli, de l'optimisme ou du mensonge ! Par exemple, chez Leibniz, cette volonté obscène de célébrer tout, même le pire, au nom du meilleur, et de donner raison à Dieu, quoi qu'Il fasse ou quoi qu'il advienne. Ni, chez Hegel, cette théodicée de l'histoire, comme il dit, cette justification de Dieu, cette glorification de l'Esprit ou de l'Etat, tout ce qui ressemble à une providence, comme il dit encore, ou qui en tient lieu... Même chez les stoïciens, malgré leur grandeur, cela m'a gêné longtemps ("Ce sont les lèche-cul du Bon Dieu, me disais-je, les béni-oui-oui du destin"), et encore aujourd'hui cela m'empêche de les suivre tout à fait. Trop de religion, trop de soumission au Dieu-Monde. Leur excuse est qu'ils n'en attendaient rien, aucune récompense. Mais cela les excuse-t-il complètement ? Accepter l'horreur, soit ; mais faut-il encore dire merci et bravo ? J'aime mieux la douceur désespérée d'Epicure, et la colère de Lucrèce...

Yves Nat ? Je le connais surtout dans Schumann, et je n'aime pas Schumann. Trop sombre, trop flou, trop fou... J'ai assez à faire avec ma propre mélancolie pour ne pas m'encombrer de la sienne ! Même dans Schumann, d'ailleurs, j'aime mieux Clara Haskil ou Dinu Lipatti. Par exemple ils ont enregistré tous les trois le *Concerto pour piano* : Dinu Lipatti me paraît l'emporter nettement, par la grâce là encore, par la noblesse, par la légèreté, par je ne sais quelle élégance souveraine, qui relève bien davantage de la vie spirituelle que de l'esthétique... On dirait un saint qui jouerait du piano. L'était-il ? Je n'en sais rien. Mais un salaud ne jouerait pas comme ça. Dans les *Scènes d'enfants* en revanche (je ne crois pas que Dinu Lipatti les ait enregistrées, mais Yves Nat si, deux fois, et il se trouve que j'ai les deux disques), et spécialement dans la *Rêverie* , c'est plutôt Clara Haskil qui me paraît miraculeuse...

Quant à Janis Joplin ou Jim Morrisson, je t'avoue que j'en ignore tout. Mai 68 m'a jeté dans la politique pure et dure, très jeune, avec ce qu'elle avait alors d'archaïquement continental, et cela m'a coupé de toute une culture musicale de ce temps-là, elle aussi protestataire, je sais bien, mais d'inspiration plutôt anglo-saxonne ou américaine... J'étais du côté de *Bandiera rossa* , si tu veux, plutôt que de Woodstock... Puis j'étais nul en anglais, et j'aimais surtout les chansons à texte... Cela ne m'a pas empêché d'aimer Fats Domino ou les Beatles, mais le fait est que j'ai le sentiment d'être passé, ces années-là, à côté de quelque chose d'important. Mon meilleur ami ne jure que par Jimi Hendrix et Bob Dylan : à chaque fois qu'il m'en parle, j'en ai des regrets rétrospectifs. Toujours est-il que mes chanteurs préférés, et ils m'ont fortement marqué, ce furent plutôt Brel, Brassens, Piaf, Barbara... Pas des gens qui vivent *contre*, donc : des gens qui vivent, simplement. Pas des gens qui détestent : des gens qui aiment ou qui pardonnent. Et pas non plus des gens qui célèbrent ou qui justifient : des gens qui acceptent ou qui supportent. Tu sais, mon plus grand souvenir, en matière de chanson, et même l'une des plus fortes émotions esthétiques de ma vie, je l'ai ressentie vers vingt ans, dans les toilettes d'un camping, je ne sais plus où au Portugal : j'étais aux toilettes, donc, et soudain, dans cette odeur d'urine et de javel, une femme de ménage (je ne la verrai qu'en sortant : elle lavait le sol, vêtue de noir, sans âge, les jambes étonnamment poilues...) s'est mise à chanter : le fado éternel était là, la souffrance éternelle, la beauté éternelle. Sans haine, sans colère, et sans non plus de consolations, de justifications, de glorifications : la vie telle qu'elle est, atroce et précieuse, déchirante et sublime, désespérante et désespérée... La vie difficile, tellement difficile. Le destin, si tu veux (tu sais que "*fado*" vient de "*fatum*"), mais sans providence : les choses telles qu'elles sont, la vie telle qu'elle passe... Le réel, simplement. Oui, cette chanson-là exprimait au fond tout ce que j'aimais, tout ce que j'aime : le courage plutôt que la colère, la douceur plutôt que la violence, la miséricorde plutôt que la haine... Je ne suis pas non-violent, note bien ; mais je n'aime la violence qu'au service de la douceur. Tu te souviens des *Sept samouraï* ? Il est presque vieux déjà : c'est un héros fatigué. On lui dit qu'il va mourir, sans gloire, sans argent, rien que pour sauver quelques paysans pauvres... Il ne répond pas : il sourit. Lumineusement, il sourit ! Ce sourire-là, c'est la plus belle image que j'aie jamais vue de la sagesse. La force n'est acceptable qu'au service de la faiblesse. Sans espoir. Sans haine. C'est aussi ce qu'on peut appeler l'amour, si l'on veut, si l'on s'en croit capable. L'Orient, plus modeste ou plus lucide que nous, parlerait plutôt de compassion et de détachement... Peu importe. Le sourire dit l'essentiel : un moment de douceur et de courage avant la fureur des combats... Athos, qui ne souriait guère, aurait aimé ce sourire-là.

Non, décidément, je n'ai pas la rage de vivre contre, comme tu dis, ni même de vivre pour : j'essaye de vivre avec...

Woodstock et les chanteurs de cette génération, c'est aussi le désir de sagesse, de paix. Quelque chose de l'Orient. La route des Indes. Il y a l'aspiration à ce détachement de soi — sans y arriver — et le retour plus radical encore après, à la violence, au refus du monde, à la terreur de vivre. j'ai aimé cela bien sûr chez Hendrix, cet aller-retour. Cette violence intérieure après l'impossible, avec cette agression presque physique, et je m'y reconnais encore aujourd'hui. La voix de Janis Joplin est l'exaspération, et aussi la consolation de tout cela.

La sagesse tragique... C'est presque un idéal. Peu de sagesse chez moi, peu de tragique. Plutôt une mélancolie, une humeur noire fortement teintée de révolte, et alors l'action, la vie, la passion l'emportent.

C'est ici, me dis-tu, qu'il faut s'arrêter de bavarder ; et je ne trouve pas de question à poser. J'aime croire que tu détiens une vérité que je ne connais pas. Et tant qu'elle me demeurera inconnue, sûrement je n'arrêterais pas de te parler. Pour savoir.

Je ne détiens aucune vérité inconnue, ni moi ni personne. Le problème n'est pas de découvrir une autre vérité, qui manquerait, qui ferait défaut, mais de comprendre qu'il n'y a rien d'autre à trouver que la vérité, rien d'autre à chercher, donc, et qu'on est déjà dedans, et qu'on en connaît déjà plus qu'assez pour en vivre... Le Bouddha ou le Christ en savaient moins que nous, beaucoup moins, mais cela ne nous donne sur eux aucune supériorité spirituelle. A quoi bon accumuler savoir sur savoir, si c'est pour rester prisonnier de soi et de sa peur ? Les vérités ne manquent pas, elles sont plutôt "importunes par leur masse, comme disait Alain, et par la difficulté de les faire tenir ensemble : on les a sur les bras, on ne sait où les mettre..." Oui, les vérités sont partout, hors de nous, bien sûr, mais en nous aussi, peu ou prou. Comment saurions-nous autrement ce que c'est qu'une vérité ? Et qu'une erreur ? C'est ce que Spinoza appelle la norme de l'idée vraie donnée : si la vérité n'était déjà là, si nous n'étions en elle, comment pourrions-nous la trouver ? Comment pourrions-nous, même, la chercher ? La vérité est là, toujours déjà là : vérité du monde, vérité du devenir. Ce n'est pas qu'elle nous manque : c'est nous qui la manquons, parce que nous ne cessons de chercher autre chose, que nous ignorons, pour donner sens au réel que nous connaissons... Or, dès que nous découvrons cet autre chose, c'est pour nous apercevoir qu'il n'a pas plus de sens que le reste, et qu'il faut donc chercher encore... Le sens fait toujours défaut, et ce défaut c'est le sens même. Quand Spinoza écrit : "Par réalité et par perfection j'entends la même chose", il indique par là que rien n'a de sens, rien, ni Dieu ni monde, autrement dit que la vérité suffit à tout, et se suffit, puisqu'il n'y a rien d'autre. L'immanence, c'est cela : tout est là, il n'y a rien d'autre à chercher que tout, rien d'autre à trouver que tout, où nous sommes déjà. On ne peut trouver Dieu qu'en Dieu, ou la vérité qu'en vérité. C'est pourquoi "plus nous connaissons de choses singulières, plus nous connaissons Dieu" : Dieu n'est pas derrière les choses, ni au-delà, comme leur sens ou leur secret ; il est ces choses mêmes, toutes ces choses, tout ce qui arrive ("la nature", dit Spinoza), et c'est pourquoi il n'y a pas de Dieu, ni de sens. Il n'y a que la vérité : il n'y a que tout. Et les hommes, absurdement, cherchent autre chose : comme si tout, ce n'était pas assez ! Cette *libido sciendi* (ce désir de savoir) n'est qu'une folie comme une autre, et la plus insatiable peut-être (le sexe vaudrait mieux : il est plus facile à satisfaire !). Tous ces chercheurs qui s'épuisent toute leur vie pour découvrir, six mois ou six ans avant leurs collègues, une petite vérité de plus... Socialement, techniquement, ils sont bien sûr utiles, et c'est pourquoi on les paye. Mais comment penser que cela puisse remplir une existence ? Toute une vie pour gagner six mois !... Il n'y a pas de sot métier, c'est entendu, mais il serait bien sot d'être dupe de celui-là. La sagesse n'est pas la science ; aucune science ne tient lieu de sagesse. Il ne s'agit pas de chercher ce qu'on ignore, mais d'habiter ce que l'on sait. D'aimer ce que l'on sait. La sagesse n'est pas une vérité de plus : c'est la jouissance de toutes. Or qui sait jouir d'une seule, pleinement, il sait jouir de l'ensemble auquel elle appartient. Qu'as-tu besoin, pour aimer les étoiles, d'en connaître le nombre ? Et pour aimer un homme, d'en connaître tout ? Il est là, devant toi, parfaitement vrai, jusque dans ses mensonges, parfaitement réel, jusque dans ses rêves... Si tu n'en connaissais rien, tu ne pourrais pas l'aimer, c'est sûr ; mais comme il serait fou de vouloir le connaître dans tous ses détails (dans tous ses malheureux et inépuisables détails !) avant de l'aimer en entier ! Le réel n'est pas un puzzle. L'amour n'est pas un puzzle. "Attends un peu, chéri, encore une pièce, puis une autre, puis encore une autre, je sens que je vais bientôt t'aimer tout à fait..." Non. Il est là, devant toi : tu le vois, tu le regardes, et c'est déjà un lot inépuisable de vérités... Bobin, là encore, a trouvé les mots justes : "Une once de réel pur suffit à qui sait voir." Or le réel est pur, toujours, au regard pur. La vérité suffit : l'amour suffit.

Tu vas encore me trouver trop gentil, trop doux... Que te dire ? L'horreur est vraie aussi, et la haine. Mais justement : que peuvent-elles contre la vérité qui les contient ? Et contre l'amour ? Que l'amour échoue, comme dit encore Bobin, nous le savons bien ! Mais enfin cela ne pourrait valoir, comme argument, que pour ceux qui préfèrent le succès à l'amour, les "gagneurs", comme on dit aujourd'hui, et grand bien leur fasse. Mais pour nous, qui préférons l'amour au succès ? Que l'amour échoue, cela ne le réfute pas ! Que prouve la mort contre la vie ? Que prouve l'échec contre le courage ? C'est la vérité du calvaire : l'amour est faible, l'amour souffre, l'amour meurt... C'est à savoir. Mais cela ne retire rien à l'amour, ou cela ne lui retire que ses illusions. Vérité de l'amour : vérité du désespoir. Cette vérité en vaut bien d'autres, et elle suffit. Laissons aux prêtres et aux esprits frivoles les bonnes paroles qui réconfortent, les bonnes petites espérances, les bons petits mensonges qui aident à vivre. L'amour triomphant, l'amour invincible, l'amour immortel... Il y a des croix, à tous nos carrefours, qui rappellent bien clairement le contraire. Alain est indépassable ici : "Si l'on me parle encore du dieu tout puissant, je réponds, c'est un dieu païen, c'est un dieu dépassé. Le nouveau dieu est faible, crucifié, humilié... Ne dites point que l'esprit triomphera, qu'il aura puissance et victoire, gardes et prisons, enfin la couronne d'or... Non. Les images parlent trop haut ; on ne peut pas les falsifier ; c'est la couronne d'épines qu'il aura." Dieu n'est Dieu que sur la croix : il n'y a donc pas de Dieu, et toute religion est idolâtre. Mais, encore une fois, qu'est-ce que cela retire à l'amour ? à la joie ? à la douceur ? L'esprit de Mozart souffle là (souviens-toi du *Concerto pour clarinette*...), et la sagesse tragique n'est pas autre chose. Non pas l'amour plus fort que la mort, mais l'amour malgré la mort, et hors de son atteinte tant qu'il dure. Immortel ? Certes pas. Mais éternel, ici et maintenant éternel, oui, sans doute, comme tout ce qui advient et passe. Pur présent de la présence : vérité de l'éphémère. C'est la vie éternelle, et c'est la nôtre, et c'est la seule. "Tout homme est éternel à sa place", disait Goethe lisant Spinoza, et j'en dirais de même de tout amour, et tel est en effet le plus clair message de l'*Ethique*. L'éternité c'est maintenant. C'est dire aussi qu'il n'y en a pas d'autre, et c'est où l'on retrouve le désespoir. Le *Cantique des Cantiques* se trompe. La religion se trompe. L'amour n'est pas plus fort que la mort, pas plus fort que la souffrance, pas plus fort que la haine. S'il l'était, cela se saurait, cela se verrait ! Mais il n'a pas besoin d'être fort, en tout cas pas besoin d'être le plus fort : la joie lui suffit, la douceur lui suffit, l'amour lui suffit !

Tu vois que Woodstock n'est pas si loin, ni l'Orient... Mais l'image qu'en a donnée la jeunesse américaine m'en a plutôt tenu éloigné, par je ne sais quoi de factice ou de spectaculaire. La vérité fait moins de bruit. L'amour fait moins de bruit. Puis toutes ces illusions sur la drogue ou le sexe... L'Orient, quand je m'y suis intéressé, m'a paru plus silencieux, plus simple, plus vrai. Peu importe. Chacun son chemin. Pour aller où ? Nulle part, puisque nous y sommes déjà ! Tant que la sagesse est un idéal, elle n'est qu'une folie comme une autre. Ce qu'il y a de révolte ou de mélancolie en toi est plus sage, parce que plus réel, que toute sagesse que tu pourrais rêver. Mais si tu savais les vivre jusqu'au bout, révolte et mélancolie finiraient par se dissoudre, c'est du moins ce qu'enseignent les maîtres, dans cette vérité qui les contient et qu'elles refusent... Pouvons-nous le vivre ? Je ne sais, et cela n'a pas tellement d'importance. Les maîtres sont plus heureux que nous sans doute, ce n'est pas difficile. Mais pas plus vrais, pas plus réels. "La vie l'emporte", dis-tu... Oui, et elle s'emporte elle-même. La sagesse est de se laisser porter avec elle, par elle, en elle, bonheur ou malheur, sagesse ou folie. C'est la sagesse de Montaigne, la sagesse du vent, et c'est la seule : le vent ne veut rien dire, rien prouver, rien sauver, mais il "s'aime à bruire et à s'agiter", et cela fait comme une musique dans le silence du monde, comme un silence dans le brouhaha des hommes... Oui, tout ce que je pourrais te dire est comme rien, Judith, à côté de ce que le premier vent venu, sans le dire, pourrait nous apprendre. Pas une autre vérité, mais la vérité même : le monde, le silence, l'éternelle fugacité de tout... Ce fut bien doux, pourtant, notre bavardage, comme tu dis, et ce n'était pas autre chose, et c'est tant mieux. Mais il faut bien qu'il s'arrête : nous en oublierions d'écouter le vent...

L'EFFORT DE VIVRE

Entretien avec Charles Juliet

Que demandez-vous à l'écriture ? Que vous apporte-t-elle ?

Je lui demande de moins en moins. Je dirais volontiers qu'elle m'apporte de plus en plus, mais ce n'est pas vrai. Je lui demande de moins en moins et elle m'apporte de moins en moins. C'est bon signe, me semble-t-il, et quelque chose que je dois à l'écriture. Elle m'a apporté ceci de décisif : le sens et l'acceptation de sa vanité, de son inessentialité, de son échec ultime... Sartre écrit quelque part que *La Nausée*, face à un enfant qui meurt, ne fait pas le poids. Adolescent, cela m'avait choqué ou irrité. J'y vois maintenant une évidence, qu'il serait obscène de nier. Mais je n'en aime pas moins la littérature ou la philosophie : je les aime mieux, me semble-t-il, plus lucidement, plus sereinement. Disons que l'écriture m'a désillusionné d'elle-même. Je lui demandais tout, et elle ne m'a apporté que son presque rien, que son quasi néant. Mais c'était un cadeau somptueux. Plus elle se libère de soi, moins l'écriture fait écran au réel : moins on se trompe sur elle, moins elle nous trompe sur le monde. Il va de soi que, sur cette question, j'ai beaucoup évolué, et justement parce que l'écriture ne m'a pas apporté ce que je lui demandais d'abord : le salut, l'éternité, une existence tout entière fondée et justifiée... Comment l'aurait-elle pu ? Je sais maintenant que l'écriture n'est pas un salut, qu'elle n'a jamais justifié personne, mais ce savoir au moins (même si d'autres ont pu y atteindre par d'autres voies) c'est à l'écriture que je le dois. A l'écriture, pas à mes livres. Car cette vanité de la littérature ou de la philosophie, je l'avais découverte et acceptée bien avant d'achever le moindre ouvrage, et je n'ai pu en achever un, sans doute, que du jour où j'ai cessé de croire absolument à l'écriture...

Etes-vous attiré par une autre forme d'expression que celle que vous avez pratiquée jusque-là ? Ecrirez-vous un jour un roman ? Des poèmes ?

Un roman, certainement pas ! Je m'en suis expliqué avec Judith Brouste, et je ne voudrais pas me répéter trop. Juste une confidence, si vous voulez. J'ai commencé par écrire des romans, ou par essayer, et j'ai mené à bien, en tout cas, quelques nouvelles... Mais j'ai vite vu que tout ce que j'écrivais, en littérature, était d'une infinie tristesse : on aurait dit que toute la fatigue du monde, que tous les chagrins du monde, et les miens propres, devaient venir là, se coucher sur une page... Ce n'était qu'un long sanglot en prose, d'ailleurs bien terne le plus souvent. Alors que quand je me suis mis à une écriture plus philosophique (un recueil d'aphorismes, resté inédit), et sans que ce soit en rien délibéré, tout s'est animé, réveillé, recomposé... On était passé du crépuscule à l'aurore, du dégoût de vivre à la joie de penser. J'ai choisi d'aller là où me menaient la joie, la santé, la lumière... Ai-je eu tort ? Je ne le crois pas. Outre le plaisir bien vif que j'y ai trouvé, j'y ai aussi gagné, me semble-t-il, davantage de vérité. Car enfin pourquoi les affects seraient-ils plus vrais que les idées ? Quelle vérité en eux, sinon celle qu'on peut en penser ? Je ne crois pas trop à l'ineffable, à l'indicible... Que la vérité soit silencieuse, loin que cela nous interdise de la dire, c'est au contraire ce qui nous le permet. Mais laissons. Affect pour affect, la joie vaut mieux que la tristesse et nous en apprend davantage. C'est l'esprit de Montaigne, c'est l'esprit de Spinoza. D'autant que cette joie de la pensée, que je découvrais alors, ne venait pas de je ne sais quelle thèse optimiste ou réconfortante, au contraire : j'ai essayé de penser au plus près de ma vie réelle, et ce n'est pas par hasard que je suis parti de l'idée de désespoir. Mais justement, ce que j'ai découvert, dans cette écriture philosophante, c'est que la vérité de la tristesse n'est pas triste, que la vérité de l'angoisse n'est pas angoissée, ni angoissante, que la vérité du désespoir n'est pas désespérée, ni désespérante, ou bien en un tout autre sens que celui du mélancolique ou du déprimé... Je pourrais dire cela à la manière de Spinoza : ce n'est pas parce qu'une idée est joyeuse qu'elle est vraie, c'est au contraire parce qu'elle est vraie qu'elle peut être joyeuse. On m'objectera qu'on peut aussi se réjouir pour telle ou telle illusion que l'on se fait. Sans doute, mais c'est alors une joie illusoire, et c'est dire assez ce que serait une vraie joie : la seule vraie joie c'est la joie vraie, je veux dire celle qu'on ressent, quand on en est capable, face à une vérité. Or, qu'on puisse penser gaiement cette même vérité qui, affectivement, nous attriste, c'est l'expérience quotidienne de la philosophie et son cadeau le plus précieux. C'est le gai savoir de Nietzsche ou de Clément Rosset : ce que Spinoza appelait la joie de connaître ou — mais cela revient au même — l'amour de la vérité. En retour, cette pensée allègre (qui est la pensée même) m'a éclairé sur la tristesse de mes tentatives littéraires passées : ce n'est pas la vérité qui se disait là, mais mon incapacité à la supporter ! De fait, j'ai mieux compris ce qu'il y a en moi de sombre ou de mélancolique en y confrontant ma pensée, ou en le confrontant à elle, que je n'aurais pu le faire en m'y vautrant à longueur de romans. Vous me direz qu'un roman peut aussi être gai, tonique, lumineux... J'entends bien, et ce sont ceux que je préfère. Mais ceux-là, je ne me sentais pas capable de les écrire.

Et aujourd'hui ?

Je ne sais : il y a trop longtemps que je n'ai pas essayé ! Pour l'instant, c'est surtout l'envie qui manque. Mais enfin, je ne m'engage à rien : on a le droit de changer d'avis, et cela viendra peut-être.

Vous n'avez rien dit des poèmes...

C'est autre chose. J'en ai écrit beaucoup, et je n'ai jamais cessé tout à fait. La poésie me paraît l'essentiel de ce que le langage peut dire et porter. Mais écrire est une chose ; publier en est une autre. J'admire trop quelques très grands poètes (Victor Hugo, Baudelaire, Saint-John Perse, Christian Bobin...) pour vouloir rivaliser avec eux. C'est une question de talent : je fais ce que je peux avec ce que j'ai. Cela dit, s'il fallait choisir, je mets malgré tout les *Pensées* de Pascal ou les *Essais* de Montaigne plus haut que *La Légende des siècles* ou *Les Fleurs du mal*. C'est étrange au fond, car je ne dirais pas que je mets la philosophie plus haut que la poésie : c'est plutôt l'inverse. Pourquoi ce décalage ? Sans doute est-ce que Pascal et Montaigne ont inventé quelque chose qui excède toutes les classifications, où l'écriture est tout entière au service de la vérité, ou d'une vérité, et trop déprise de soi pour se préoccuper encore de tel ou tel genre littéraire ou philosophique... Vous savez ce qu'écrit Montaigne : "*J'aime l'allure poétique, à sauts et à gambades...*" Et l'exemple qu'il en donne, ce n'est pas Horace ou Virgile, c'est Platon et Plutarque ! Cela m'éclaire, et pas seulement sur Montaigne. L'allure poétique (la poésie en action, à l'œuvre, la poésie vivante et agissante !) est plus importante que les poèmes ; la vérité, plus précieuse que la philosophie.

En publiant, espérez-vous exercer une action sur autrui ? Si oui, comment la définiriez-vous ?

En tout cas, je constate les effets de mes livres, sur tel ou tel, et je m'en réjouis. J'ai reçu il y a peu, envoyé par un lecteur, un article découpé dans un journal belge ou suisse, je ne sais plus : il y est question d'un adolescent qui a fait une tentative de suicide, et à qui son psychanalyste, pour l'aider à s'en sortir, a offert mon *Traité du désespoir et de la béatitude*... Cet adolescent dit s'en trouver bien : il a renoncé à se suicider et entrepris des études de philosophie... "Ce qui tue les gens, explique-t-il, c'est le fait d'espérer. Lorsqu'on accepte que tout est désespéré, il est plus facile d'atteindre le bonheur." Or il se trouve que quelques jours après avoir reçu ce courrier, je rencontre un psychiatre chez une amie commune : je lui conte l'anecdote, et il me répond que lui-même, de son côté, a bien souvent conseillé la lecture de mes livres, non pour telle ou telle vertu thérapeutique qu'ils auraient, mais parce que la thérapeutique n'est pas tout et qu'il faut bien apprendre à vivre... Pourquoi cacher que de tels faits me réjouissent ? Je peux d'autant plus le dire sans trop d'immodestie que ce qu'il y a de tonique ou de roboratif dans mes livres ne vient pas de moi mais de telle ou telle vérité qui s'y trouve, que je n'ai pas inventée, ni découverte, mais tout au plus rencontrée, ici ou là, au fil des jours ou de mes propres lectures... Mais enfin, que mes livres servent, bien sûr que j'y suis sensible ! Et à quoi pourraient-ils servir de plus précieux qu'à la joie, qu'à l'amour de la vérité et de la vie ? C'est mon gai savoir à moi : non que je sois toujours capable de le vivre, ni souvent, mais parce qu'il m'aide à supporter tout ce qui, en moi, reste prisonnier de la tristesse, de l'angoisse ou (les deux vont ensemble) de l'espérance. Je dirais volontiers que c'est parce que je suis très peu doué pour la vie que j'ai eu besoin de tant philosopher ; mais c'est aussi pourquoi, sans doute, mes livres peuvent en aider d'autres... Cela rejoint cette lettre d'un psychanalyste, lorsque mon premier livre est paru, qui m'écrivait que l'espérance lui semblait la principale cause de suicide (on ne se tue guère que par déception) et que mon travail pouvait à ce titre aider à vivre, et joyeusement. C'est bien en tout cas ce que j'ai voulu faire : c'est un *Traité du gai désespoir* que j'ai tenté d'écrire, et je crois, au total, y être parvenu à peu près. Cela dit, ce n'est pas une panacée : non seulement la philosophie ne peut rien contre la maladie mentale, cela va de soi, mais, même concernant les différents types de personnalité, j'ai souvent remarqué que mes livres parlaient davantage à ceux qui

La vraie vie n'est pas absente, on nous n'en sommes séparés que par nous-mêmes.

penchaient vers la mélancolie qu'à ceux qui flirtaient avec l'hystérie. Ce n'est sans doute pas par hasard. Peut-être ne peut-on aider que ceux auxquels on ressemble au moins un minimum ? Puis les problèmes ne sont pas non plus les mêmes pour tout le monde. Le mélancolique n'est malade que de la vérité, explique à peu près Freud, quand l'hystérique, homme ou femme, est surtout prisonnier du mensonge... Or, tant que la vérité n'est pas là, tant qu'elle n'est pas perçue, fût-ce dans l'horreur, tant qu'elle n'est pas reconnue, affrontée, on ne peut guère philosopher ! Vous me demandiez quelle action je souhaite exercer sur autrui. Eh bien voilà : je voudrais aider mes lecteurs à affronter la vérité plutôt qu'à la fuir, puis à la supporter, à l'accepter, à l'aimer peut-être... Dur chemin : c'est celui qui mène de l'horreur à la philosophie, puis de la philosophie, dans le meilleur des cas, à ce petit peu de sagesse parfois dont nous sommes capables... C'est le chemin de vivre, et il m'est doux de penser que, sur ce chemin difficile, j'ai pu accompagner un temps — beaucoup me l'ont dit, beaucoup me l'ont écrit — tel ou tel inconnu... La vie est trop difficile pour qu'on puisse mépriser les secours, même limités, qu'on peut recevoir ou donner.

Lorsque vous cherchez à percevoir ce qui survient au plus opaque de vous-même, arrive-t-il que votre savoir soit une gêne, un écran ?

Cela peut arriver : à force d'avoir des idées sur la vie, on croit parfois que la vie est une idée... Mais la philosophie m'a pourtant rapproché du réel, me semble-t-il, davantage qu'elle ne m'en a éloigné. C'est peut-être aussi que, par goût, j'étais surtout porté aux philosophies les moins spéculatives, les moins ronflantes, à celles qui se donnent plutôt pour but de dégonfler telle ou telle illusion bien sonore et qui ramènent au réel à grands coups de démystifications ! Lucrèce, Spinoza, Nietzsche (mais pas tout, dans Nietzsche), Freud, Althusser... De ce dernier, j'ai surtout retenu les dernières œuvres, où il démystifie sa propre pensée, et j'y ai vu une leçon générale, qui valait bien au-delà du marxisme. C'est d'ailleurs un thème qu'on retrouve dans son autobiographie posthume : toute philosophie qui se prend au sérieux est une imposture idéologique, explique-t-il, contre quoi il s'agit de "ne plus se raconter d'histoires", et c'est la seule "définition" du matérialisme à laquelle il reconnaisse tenir. Je suis comme Clément Rosset : je trouve cette "définition" excellente, quoiqu'on ne puisse pas s'en contenter (conceptuellement, elle est bien sûr insuffisante), et je la reprendrais volontiers à mon compte. En vérité ce n'est pas une définition du tout (Althusser n'en est pas dupe, c'est pourquoi il met le mot entre guillemets), mais elle dit bien l'esprit du matérialisme, et c'est l'esprit d'Epicure, et de Lucrèce, et de La Mettrie... Marx l'eût-il poussé jusqu'au bout, il n'aurait jamais pu croire à la dialectique, ni au communisme : la face du monde en eût été changée, peut-être. Mais je reviens à votre question. Mon savoir, ou ce que vous appelez ainsi, je veux dire ce que les livres ou les philosophes m'ont appris, m'a moins séparé du monde et de la vie que ne m'en séparaient d'abord tout un lot d'illusions, de préjugés, d'espérances, d'angoisses, de superstitions... Il reste qu'au plus opaque, comme vous dites, chacun est seul et doit trouver son chemin. Mais tout se tient : les livres que j'ai aimés m'ont enseigné aussi que la vérité n'est pas un livre, ni un discours, qu'elle n'a pas de sens, et qu'aucun sens, en conséquence, n'est le vrai... *Alogos*, disait Epicure. C'est ce que j'appelle maintenant le silence : le mot convient mieux que celui d'opacité, car le silence, lui, est transparent au vrai.

Seriez-vous d'accord pour admettre que le savoir doit impliquer un savoir-vivre ?

Non. Le savoir n'implique rien : la vérité est sans morale, sans égards, et même la politesse lui est indifférente. Un rustre et un salaud ne sont pas moins vrais qu'un honnête homme, ni toujours plus ignorants. Le savoir-vivre n'est pas un savoir, et c'est pourquoi au fond la philosophie n'est pas une science. Il n'y a pas de savoir proprement philosophique : la philosophie n'est pas un savoir de plus, c'est une réflexion sur les savoirs historiquement disponibles. Mais c'est précisément parce que le savoir n'implique pas un savoir-vivre qu'il serait, sans lui, humainement insuffisant. Il n'y a pas de politesse *more geometrico*, pas de vertu *more geometrico*, pas de bonheur, pas d'amour *more geometrico*... Comment pourtant s'en passer ? Il faut donc autre chose que le savoir, et c'est ce qu'on peut appeler la sagesse. Les savants nous en apprennent moins ici que les artistes, et les philosophes sont comme des artistes de la raison. Faire de sa vie une œuvre d'art ? Ce serait l'idéal, si on le pouvait. Mais on ne peut pas : c'est ce que la philosophie enseigne, et par quoi la vie lui échappe comme elle échappe à la musique ou à la peinture... Rembrandt n'est pas un Rembrandt, Mozart n'est pas une symphonie, et la vie de Stendhal, quoi qu'on en ait dit, ne fut pas un roman... Comment serait-ce possible ? Il est essentiel à l'art qu'on puisse recommencer, reprendre, corriger, annuler... C'est ce que la vie ne permet jamais. On pourrait dire qu'en art seules les réussites sont définitives, alors que dans la vie ce sont plutôt nos échecs ou nos à-peu-près qui le sont. Essayez un peu de recommencer votre premier baiser : ce sera au minimum le second, et vous n'aurez rien recommencé du tout. Il y a plusieurs esquisses de la *Neuvième symphonie* de Beethoven, mais une seule de sa vie, bien sûr, et c'est la vie même : une esquisse sans œuvre (*praxis*, dirait Aristote, et non *poiêsis*), un premier jet sans retouche, et sans autre éternité que d'être jeté là, dans l'instant même où il s'abolit... Même en jazz, où l'on improvise, il y a des répétitions, des reprises, des standards, et chaque concert est un recommencement. Mais dans l'existence ? Il n'y a pas de répétition de vivre, et (sauf à croire à la métempsycose !) on ne fera pas mieux la prochaine fois. Vivre n'est pas une œuvre ; aimer, souffrir, n'est pas un art. Tant pis pour les esthètes. Prétendre faire de sa vie une œuvre d'art, ce serait se tromper sur l'art ou se mentir sur la vie. C'est d'ailleurs ce qu'indiquent bien clairement, me semble-t-il, les autoportraits de Rembrandt et les derniers quatuors de Beethoven...

Avez-vous approché ces zones où un excès de lucidité en vient à asphyxier la vie ?

Cher Charles Juliet, comme je vous reconnais là ! Et comme je reconnais — quand bien même nous nous connaissons peu — ce qui nous rapproche ! Oui, vous savez cela, vous aussi, que la vérité ne suffit pas, que la lucidité ne suffit pas : que la vie a besoin d'air, c'est-à-dire de joie, d'amour, d'illusions peut-être. C'est ce qu'il y a de fort chez Leopardi, et à quoi pourtant je n'ai jamais pu adhérer tout à fait. Que la raison et la vie puissent s'opposer. Que la vie ait besoin de rêves, et que trop de lucidité puisse être mortifère... Tout cela n'est pas faux, sans doute. Si la vérité est du côté de la mort, comme le croit Leopardi (et tel est en effet le présupposé du matérialisme), comment vivre autrement que dans l'illusion ou le divertissement ? Mais ce n'est pas si simple. La vie est réelle aussi, et le désir, et l'amour. L'erreur de Leopardi, à mon sens, est la même que celle de Platon ou de Schopenhauer : d'avoir cru, comme il dit, que "l'espérance ne fait qu'un avec le désir". Si c'était vrai, le désir ne pourrait se nourrir que d'illusions (comment espérer le réel ?) et le désespoir tuerait le désir. Mais le corps nous apprend bien nettement le contraire ! L'appétit n'est pas une espérance. Le désir sexuel n'est pas une espérance. Et quoi de plus fort pourtant ? Quoi de plus tonique ? Quoi de plus vivant ? Un homme, une femme : que pourraient-ils espérer de plus, s'ils s'aiment ou s'ils se désirent ? Le plaisir suffit. Le présent suffit. D'ailleurs, les animaux sont aussi vivants que nous. Où a-t-on vu qu'ils aient besoin d'illusions ? On dira qu'ils ignorent la mort, qu'elle n'est rien pour eux. Mais qu'est-elle pour nous ? Que certains se bercent d'illusions pour oublier qu'ils vont mourir, c'est entendu ; mais cela ne veut pas dire que la lucidité mène toujours à l'angoisse : avoir peur de la mort c'est avoir peur de rien, et c'est de quoi la lucidité devrait au contraire nous libérer. Epicurisme strict, ici : la mort n'est rien, ni pour les vivants (puisqu'ils sont vivants) ni pour les morts (puisqu'ils ne sont plus). Le matérialisme est certes une pensée de la mort, et c'est par quoi il est voué au désespoir. Mais la mort n'annule pas la vie, tant que nous vivons, ni le désir, ni l'amour. Où a-t-on vu que la lucidité rendait impuissant ou frigide ? Je crois que c'est le contraire qui est vrai : que ce sont nos illusions ou nos mensonges qui viennent briser le désir. Regardez l'hystérique (la "nymphomane frigide" de nos traités de psychiatrie !), regardez l'amoureux trop épris ou trop romantique, que sa passion affole, regardez le timide, que la lumière paralyse... Les amants lucides, eux, font l'amour dans le plein jour. Joyeusement, désespérément. C'est d'ailleurs un thème qu'on trouve aussi chez Leopardi, et qui m'est cher : "Pour jouir de la vie, un état de désespoir est nécessaire", dit-il. Très bien. Mais alors il n'est pas vrai qu'il faille choisir entre la lucidité et la pulsion vitale. Il faut choisir plutôt entre l'amour illusoire de la vie et son amour désillusionné. Aimer la vie pour ce qu'on en espère (et qu'on n'obtiendra jamais) ou l'aimer telle qu'elle est, en pure perte et désespérément. Cela, la mort même ne pourra nous le prendre : elle ne nous privera que de l'avenir, qui n'est rien.

Je reviens à votre question. Oui, je connais ces zones ou ces moments d'asphyxie. Mais je n'y vois point un excès de lucidité. Plutôt l'insuffisance du vrai, de la raison, de la connaissance. A quoi bon la vérité, quand nous ne savons l'aimer ? A quoi bon la raison, sans le désir ? La connaissance, sans la joie ? Mais il n'est pas vrai que la connaissance tue le désir, ou ce n'est vrai que des désirs qui se nourrissent d'illusions. Simplement, la vérité ne suffit pas. La raison, à elle seule, ne peut pas plus faire naître le désir que le désir ne peut faire naître la raison. C'est au moins un point — sans doute le seul — où je reste dualiste. Vous vous doutez bien que ce n'est pas un dualisme substantiel ou ontologique : le désir et la raison ne sont pas deux substances différentes, ni deux régions de l'être ; ce sont deux parties — matérielles l'une et l'autre — du corps. Le sexe et le cerveau ? On pourrait le dire comme cela, mais ce sont plus vraisemblablement deux parties — ou deux fonctions — du cerveau. Aux neurobiologistes de répondre. Toujours est-il que le désir n'est pas une connaissance, ni la connaissance un désir, et c'est pourquoi les deux sont nécessaires. Quant à l'asphyxie, pour y revenir, cela me fait à nouveau penser à ce qu'écrit Freud sur le mélancolique : qu'il ne souffre que de la vérité. Sans doute. Mais ce n'est pas la vérité qui souffre en lui. C'est le désir, que la vérité blesse. La mélancolie n'est pas une maladie de la raison ; c'est une maladie du désir : un désinvestissement de la libido, dit Freud, ce qu'il appelle très justement "la perte de la capacité d'aimer". La vérité n'y peut rien. Si elle s'aimait soi, elle serait Dieu, et c'est à quoi je ne puis plus croire. Mais alors il faut en tirer les conséquences : cessons de reprocher à la vérité notre incapacité à l'aimer ! Ce n'est pas la lucidité qui nous étouffe ; c'est l'angoisse, l'égoïsme, la sécheresse de cœur, l'indifférence... Nous nous étouffons nous-mêmes, et cela indique le chemin. Ce qu'il faudrait, c'est apprendre à se déprendre : se libérer de soi, accepter de se perdre, de disparaître, de n'être qu'un souffle dans le grand vent du monde... C'est la sagesse du vent, dirait Montaigne : tout le contraire de l'asphyxie !

Un mot encore, si vous le voulez bien, une citation, à propos de Montaigne justement. On m'a confié la direction d'un numéro de la *Revue internationale de philosophie*, pour célébrer le quatrième centenaire de sa mort. J'ai demandé un texte à Clément Rosset, qui est un ami, bon connaisseur des *Essais*, et l'un des rares philosophes contemporains dont je me sente proche. Or voici ce qu'il écrit, à propos de Montaigne. Il constate d'abord que les *Essais*, en apparence, ne changent rien à notre vie et d'ailleurs n'y prétendent pas : "l'insoutenable légèreté des *Essais*", comme dit son ami Joseph-Guy Poletti, c'est justement de nous laisser "reprendre la vie au point où on l'avait laissée". Montaigne, si vous voulez, laisse la vie en l'état, ce qui, remarque Clément Rosset, n'est déjà pas si mal ! Mais Clément ajoute ceci, qui me paraît décisif : "Si la vie reprend dans les mêmes conditions et dans les mêmes incertitude et ignorance, il y a quand même l'acquisition d'une certaine lucidité. C'est tout le débat : une vie plus lucide est-elle plus jubilatoire qu'une vie moins lucide ? Je crois qu'elle l'est." C'est tout le problème, en effet, et c'est le nôtre. Si Montaigne est un maître si exceptionnel, si irremplaçable, c'est qu'il est un maître à la fois de joie et de lucidité. J'aime mieux son gai savoir que la "lugubre connaissance" de Leopardi ! "Pour moi, j'aime la vie", disait Montaigne, et Clément Rosset a raison de voir dans cet amour de la vie "le mot le plus précieux de la philosophie". Il reste qu'aimer la vie, c'est ce que la raison ou la vérité ne sauraient faire à notre place. D'où l'asphyxie, en effet, quand il n'y a que la vérité. On a besoin d'air, on a besoin d'amour !

Redoutez-vous de vieillir ? Pensez-vous à la mort ? Est-elle pour vous un problème ?

La réponse est oui, bien sûr, pour les trois questions !
Quarante ans est un bel âge. Cinquante ou soixante ans ne m'effraient pas. Mais après ? Je crains la vieillesse extrême, la déchéance, le rétrécissement de l'esprit et du cœur, l'usure, le handicap, la sénilité, la dépendance, la démence peut-être... Qui ne préférerait rester jeune ? La vieillesse est une anti-utopie réelle : le contraire, exactement, de ce que nous espérions ! Je sais bien qu'il y a de belles vieillesses ; mais qui peut jurer de la sienne ? Le cerveau commande. La maladie commande. Redouter de vieillir me paraît une attitude normale. Montaigne lui-même n'a jamais caché qu'il préférait la jeunesse, comme tout le monde... Vous me direz : "Si la peur demeure, à quoi bon la philosophie ?" Je vous répondrai : n'était la peur, pourquoi philosopherait-on ? La philosophie nous apprend à accepter la peur, à la surmonter parfois, mais elle ne l'annule pas

quand le danger est réel. Or, quel danger plus réel que la vieillesse ?

Pour la mort, c'est différent : elle n'est rien pour nous, comme dit Epicure, et il n'y a donc rien à en craindre. Le néant est le contraire d'un danger, puisqu'il ne peut plus être dangereux pour personne. Mais vous me demandez, non pas si je crains la mort, mais si j'y pense. Bien sûr ! Comment penser la vie sans penser sa finitude ? Penser la vie sans penser la mort ? La mort n'est rien, soit, mais nous mourons, et ça, ce n'est pas rien ! Puis la peur de la mort, même imaginaire comme elle est, est le mouvement spontané de tout être se sachant mortel. C'est bien pourquoi il faut penser la mort, dans sa vérité (comme néant), pour cesser de l'imaginer ou de la craindre. Je me sens plus proche de Lucrèce, ici, que de Spinoza. Que la sagesse soit méditation de la vie, et non de la mort, j'en suis d'accord. Mais comment méditer l'une sans penser l'autre ? Vous me demandez si la mort est un problème... C'est le moins que l'on puisse dire, non ? Il se trouve que ce problème est à soi-même sa propre solution, ce qui a quelque chose de rassurant. Les morts n'ont pas de problème avec la mort. Mais les vivants, si ! Problème imaginaire, encore une fois, puisque la mort (en tout cas la nôtre) n'est jamais là, ou n'y est que quand nous n'y sommes plus. Mais c'est ainsi : la philosophie ne cesse de se heurter à des problèmes imaginaires, pour nous en libérer. Enfin il y a la mort des autres, et la pensée doit bien aussi, quand elle le peut, s'y confronter. Mortels, et amants de mortels : c'est ce que nous sommes. C'est pourquoi la vie est tragique, et c'est pourquoi aussi nous avons besoin de philosopher. Philosopher c'est apprendre à vivre, certes, non à mourir. Mais comment vivre heureux sans apprendre à accepter la mort ?

Tout ce qu'on pense s'inscrit sur un fond d'énigme, et, au regard de ce qui nous échappe, paraît parfois assez dérisoire. Comment vivez-vous cela ?

Vous avez raison : nous ignorons l'essentiel. "Nous n'avons pas accès à l'être", disait Montaigne. Je n'irais pas si loin (je pense que nos sciences modernes atteignent bien quelque chose du réel, fût-il voilé), mais il est vrai que nous n'avons accès à l'être qu'indirectement, par la médiation de nos sens, de nos appareils de mesure, de notre raison, de nos théories... Aucun contact absolu avec l'absolu, donc, et c'est en quoi les sceptiques, même si je ne les suis pas dans le détail, ont raison au fond. "A la gloire du pyrrhonisme", disait Pascal. La question la plus importante, philosophiquement, est justement celle que nous ne pourrons jamais résoudre : "Pourquoi y a-t-il quelque chose plutôt que rien ?" C'est un abîme, que Dieu même ne saurait combler (Pourquoi Dieu plutôt que rien ?). Contingence de l'être : quand bien même tout serait nécessaire, dans l'enchaînement des faits, il n'était pas nécessaire que quelque chose fût, et tout reste en cela contingent. Le rien était possible aussi, et plus probable peut-être... Enigme ? Ce n'est pas le mot que j'utiliserais, car l'énigme suppose une solution possible, ce qui ne me paraît pas, ici, être le cas. Un abîme plutôt, et sans fond. Pourquoi y a-t-il quelque chose plutôt que rien ? Il n'y a pas de réponse, il ne peut pas y en avoir. Ou l'être est la réponse, si vous voulez, à cette question qu'il ne pose pas. Mais sa solution, non, et c'est pourquoi la question pour nous se pose, et continuera de se poser, définitivement. C'est ce qui justifie la métaphysique, et qui la rend impossible. A côté de cette question, toutes les autres ont quelque chose de secondaire. Dieu existe-t-il ? Y a-t-il une vie après la mort ? Mais nous ne pouvons pas davantage les résoudre pour autant... Donc, vous avez raison : tout ce que nous savons est dérisoire par rapport à ce que nous ne savons pas. C'est ainsi, et il faut faire avec. Cela ne signifie pas que ce que nous savons (que nous sommes nés, que nous allons mourir, que le soleil brille, que deux et deux font quatre...) soit comme rien, si l'on entend par là que cela n'aurait aucune vérité ou aucune incidence sur notre vie. Mais cela entraîne que toute connaissance reste partielle, comme perdue dans l'abîme de ce que nous ignorons, et dès lors définitivement fragile et sujette à caution. C'est en quoi Montaigne a raison. C'est en quoi Hume a raison. Oui. Mais enfin la vie continue, et d'ailleurs c'est ce qu'ils ont dit tous les deux. Savoir qu'on ne sait rien, ou qu'on ne sait rien de certain, cela n'empêche pas de cultiver son jardin ou de jouer aux échec... Vous me demandez comment je vis cette ignorance fondamentale. Elle ne m'angoisse pas. Elle m'amuserait plutôt. Elle nous interdit, en tout cas, de nous prendre trop au sérieux. Vous connaissez la grande formule de Woody Allen : "Il se peut que rien n'existe et que tout ne soit qu'illusion. Mais dans ce cas, j'aurais payé ma moquette beaucoup trop cher !" C'est une idée, je crois, que Hume aurait aimée. Cela dit, l'important est moins de savoir ce qu'est ou ce que vaut une moquette, que de décider de ce qu'on en fait, ou de ce qu'on fait sur elle... C'est où la vie — même dans l'ignorance — retrouve ses droits, et d'ailleurs aussi ses devoirs.

Qu'est-ce qu'un moraliste ? En êtes-vous un ?

Si c'est quelqu'un qui donne des leçons de morale, non merci ! Quelle espèce plus insupportable ? La morale ne vaut que pour soi, et les leçons ne sont bonnes que pour les enfants. En revanche, si un moraliste c'est quelqu'un qui pense que la morale est nécessaire, qu'elle mérite attention, réflexion, respect, bien sûr que j'en suis un ! Mais quel philosophe qui ne le soit ? Cela ne veut pas dire, notez bien, que la morale soit la chose la plus importante, ce que je ne crois pas : l'amour vaut mieux, qui se moque de la morale. Mais nous aimons si peu, si mal... Nous n'avons besoin de morale que faute d'amour, certes, mais c'est aussi pourquoi nous en avons tellement besoin ! Enfin, si le moraliste est un écrivain qui fait de la philosophie sans le savoir, en amateur, comme un autodidacte de la pensée, avec ce que cela suppose de fraîcheur et de légèreté (pensons à nos "moralistes français", que Nietzsche aimait tant : La Rochefoucauld, Chamfort, Vauvenargues...), je crains de ne pas pouvoir en être un : j'ai trop travaillé, j'ai fait de trop bonnes études, ou trop lourdes, je suis du métier, que je le veuille ou pas, je suis un universitaire, pour le meilleur et pour le pire, je suis un philosophe, et au fond ce n'est pas si mal...

Travaillez-vous sur vous-même en vue de vous perfectionner ?

Qu'est-ce autre que vivre ? Qu'est-ce autre que philosopher ? Vivre, c'est toujours faire l'effort de vivre, disait à peu près Lagneau, et c'est la meilleure définition du *conatus* spinoziste, et de la vie. Qui voudrait exister moins ? Qui ne souhaite s'améliorer, s'élever ? Qu'il faille s'accepter, c'est entendu. Mais ne nous résignons pas trop vite à notre bassesse, à notre médiocrité ! La vie est une aventure, elle peut l'être, elle doit l'être. S'accepter, oui, mais pas s'agenouiller devant soi, ni se coucher. Il s'agit de vivre : il s'agit d'avancer, de progresser tant qu'on peut. Ne soyons pas trop dupes pourtant de ce "travail", ni de ce "perfectionnement". La vie continue, voilà tout, et nous aussi, et chacun se débrouille comme il peut. La perfection n'est évidemment pas à notre portée. Mais enfin, nous partons de si bas qu'il doit bien être possible de progresser quelque peu... C'est le sens d'Icare, dans mon premier livre. Il symbolise ce mouvement d'ascension, qui est la vie même : il s'agit de remonter la pente de l'entropie, de la fatigue ou de la mort, tout en sachant qu'au bout du compte la chute est inévitable... Mais quelle curieuse idée ce serait que de renoncer à vivre sous prétexte qu'on ne vivra pas toujours ! "Il faut se tenir au difficile", dit Rilke ; c'est se tenir à la vie. S'y tenir, plutôt qu'y tenir. C'est ce que Pavese appelle le métier de vivre : c'est un travail en effet, et le seul qui justifie tous les autres. Cela vaut-il la peine ? C'est à chacun d'en décider. Pour ma part, et jusqu'à présent, je trouve que cela en vaut et la peine et le plaisir. L'un ne va pas sans l'autre. C'est pourquoi le courage est nécessaire, et c'est pourquoi il ne suffit pas. D'ailleurs rien ne suffit. Ce n'est pas un hasard si le mot de *suffisance*, en français, désigne surtout un défaut ou un ridicule. Etre suffisant, c'est être plein de soi-même, c'est se prendre au sérieux, c'est être fat, prétentieux, présomptueux, méprisant... Tout l'opposé de la sagesse ! Au fait, quel est le contraire de la suffisance, en ce sens-là ?

L'humilité ? la modestie ? la simplicité ?

Oui : l'humilité, la modestie, la simplicité... Aussi, quoique de plus loin, la légèreté, le respect (par opposition au mépris), la bonhomie, la gentillesse, l'humour... Cela fait beaucoup de beaux mots pour finir, vous ne croyez pas ?

TABLE

DE L'AUTRE CÔTÉ DU DÉSESPOIR
ENTRETIEN AVEC PATRICK VIGHETTI   p. 7

VIOLENCE ET DOUCEUR
ENTRETIEN AVEC JUDITH BROUSTE   p. 53

L'EFFORT DE VIVRE
ENTRETIEN AVEC CHARLES JULIET   p. 111

DU MEME AUTEUR

AUX PRESSES UNIVERSITAIRES DE FRANCE

TRAITÉ DU DÉSESPOIR ET DE LA BÉATITUDE
TOME 1 : LE MYTHE D'ICARE
TOME 2 : VIVRE

UNE ÉDUCATION PHILOSOPHIQUE

VALEUR ET VÉRITÉ Etudes cyniques

PETIT TRAITÉ DES GRANDES VERTUS

L'IMPROMPTU

AUX ÉDITIONS GRASSET

POURQUOI NOUS NE SOMMES PAS
NIETZSCHÉENS (en collaboration)

AUX ÉDITIONS QUINTETTE

TOMBEAU DE VICTOR HUGO (en collaboration)

AUX ÉDITIONS SYROS

PAROLES D'AMOUR (en collaboration)

AUX ÉDITIONS HONORÉ CHAMPION

"JE NE SUIS PAS PHILOSOPHE" (Montaigne et la philosophie)

DANS LA MEME COLLECTION :

LA MERVEILLE ET L'OBSCUR
CHRISTIAN BOBIN

AUTOPORTRAITS
ANDRÉ VELTER

TROUVER LA SOURCE
CHARLES JULIET

VERS UN MATIN SANS CICATRICE
JEAN-PIERRE SPILMONT

CALLING OUT
JOHN BERGER

LE BRUIT DU MONDE
JACQUES ANCET

QUELQUE CHOSE DE PLUS QUE LA LUMIÈRE
LIONEL BOURG

RENCONTRER L'INESPÉRÉ
ANDRÉE CHÉDID

ENTRE CIEL ET MER, L'ÎLE
JEAN-FRANÇOIS SAMLONG

LE TRAVAIL DU POÈTE
CLAUDE ROY

UNE ROSE DES VENTS
YVON LE MEN

SCALPEL DE L'INDÉCENCE
JEAN RAINE

FRAGMENTS DU ROYAUME
MICHEL LE BRIS

CHEMINEMENT
FRANÇOIS DAGOGNET

L'HOMME EN GUERRE
FRANCK VENAILLE

COLLECTION INVENTAIRE :

LA PROCLAMATION DU NOUVEAU MONDE
PHILIPPE VIDELIER
SUIVI DU MANIFESTE DE KARL MARX
(Première édition française, New York 1872)

CAMUS. DE L'ABSURDE A L'AMOUR
ANDRÉ COMTE-SPONVILLE, LAURENT BOVE, PATRICK RENOU

Cette 14ᵉ édition de
"L'Amour la solitude"
a été achevée d'imprimer par
l'Imprimerie du Mont Saint Rigaud
à Propières Rhône, le 20 août 1996.
Dépôt légal : août 1996.

DIFFUSION / DISTRIBUTION

PRESSES UNIVERSITAIRES DE FRANCE
Direction commerciale :
14 avenue du Bois-de-l'Epine
91003 EVRY